Paramahansza Jógánanda Bhagavad-gítához írt szövegmagyarázatának méltatása…

God Talks with Arjuna: The Bhagavad Gita –
A New Translation and Commentary
(Isten szavai Ardzsunához: A Bhagavad-gíta
– Új fordítás és szövegmagyarázat)

(a Self-Realization Fellowship kiadása, 1995)

„Jógánanda szövegmagyarázata a Bhagavad-gíta lényegéig hatol, hogy feltárja előttünk azokat a spirituális és lélektani igazságokat, amelyek e nagy hindu szöveg mélyén rejlenek." – *Publishers Weekly*

„Az egyik legremekebb mű e tárgyról… igazi spirituális, irodalmi és filozófiai mestermű." – *India Post*

„E pazar, kétkötetes kiadás… gyönyörűség a szemnek és a szívnek… [Jógánanda] kivételes felfogásának tanúságtétele, mely a magasabb rendű valóságok közvetlen megtapasztalásából, és persze a spirituális igazságokra szomjúhozó istenkeresők iránti együttérzésből fakad… Érezd meg a Bhagavad-gíta igazi lüktetését, és engedd, hogy e század egyik nagy jógamesterének megvilágosító szavai a hatásuk alá vonjanak!"
– *Yoga Journal*

„Ragyogó szépségű virág sarjadt Paramahansza Jógánanda írásaiból és hagyományából… modern korunk figyelmének közvetlen középpontjába állítja a Bhagavad-gítát… A legmelegebben ajánlom!" – *Leading Edge Review*

„A Bhagavad-gíta e monumentális fordítása és szövegmagyarázata, amely India egyik nagynevű szentjének tollából származik, úttörő jelentőséggel bír… Jógánanda felderíti a jóga Bhagavad-gítába kódolt tudományát… és megmutatja, miként teszi lehetővé eme ősi tan Isten közvetlen megtapasztalását. Jógánanda egy magával ragadó krónikát tár elénk egyszerű, mégis ékesszóló nyelven." – *The Quest*

„Jógánanda minden egyes verset aprólékos gonddal fordított le, ám a mű fő vonzerejét roppant széleskörű tudásanyagából merítő magyarázatai adják… A lélektan, spiritualitás, ismeretelmélet, élettan és jógatudomány bölcsességének lélegzetelállító körképe tárul elénk… Lenyűgöző." – *The Book Reader*

„[Jógánanda] szövegmagyarázata… a legmagasabb rendű igazságot tárja elénk, közvetlensége és egyszerű kifejezésmódja mégis minden istenkereső számára érthetővé teszi… Amit *Önéletrajza* az emberi megtapasztalás birodalmában véghezvisz, azt valósítja meg az *Isten szavai Ardzsunához* a spirituális élet tekintetében, mindenre kiterjedő útmutatót biztosítva hozzá…. Olyan könyv ez, amelyet az ember egy életen át tanulmányozhat és becsben tarthat. Mindig is a Bhagavad-gíta egyik nagy szövegmagyarázataként fognak emlékezni rá." – *Yoga International*

Paramahansza Jógánanda (1893 – 1952)

A BHAGAVAD-GÍTA JÓGÁJA

Bevezetés India Istenre eszmélésének egyetemes tudományába

Szemelvények
Paramahansza Jógánanda
írásaiból

Self-Realization Fellowship
FOUNDED 1920 BY PARAMAHANSA YOGANANDA

Az elülső borítón látható kép: Bhagaván Krisna mint Jógésvara, a „Jóga Ura"

Tartalom

Előszó

„Srí Krisnának a Bhagavad-gítában közölt üzenete a tökéletes válasz modern korunk és egyben bármely kor számára: a kötelességtudó cselekvés, a kötődésmentesség és az Istenre eszmélésért végzett meditáció jógája. Isten benső békessége nélkül munkálkodni maga a Pokol; ha ellenben az ember mindenkor a lelkében felbuzgó isteni örömmel végzi munkáját, egy hordozható mennyországot visz magával, bármerre jár is."

Paramahansza Jógánanda

A Bhagavad-gítát, ezt az egész emberiséget egyesítő örökséget évszázadok óta az egyetemes spirituális bölcsesség egyik legnagyszerűbb megnyilvánulásának tekintik. Ez India legnagyobb becsben álló szentírása, amely a jógát, az isteni egyesülés tudományát taglalja – és egyben időtlen útmutatást kínál a boldog és kiegyensúlyozottan sikeres élethez.

A Bhagavad-gítát számos változatban fordították már le az eredeti szanszkritról angolra és egyéb európai nyelvekre – egyes fordításokat nyelvészek vagy bölcsészettudorok készítettek, másokat irodalmi kiválóságok, sokat pedig spirituális tanítómesterek vagy jógik. A közismert angol fordítások sorában egyes olvasók a költőibben tolmácsolt változatokat részesítik előnyben (például Sir Edwin Arnold fordítását); más verziók szó szerinti hűségük és a szanszkrit kifejezések nyelvészeti igényű elemzése miatt méltók a figyelmünkre.

Paramahansza Jógánanda eredeti fordítását az emeli ki a többi közül, hogy az angolra átültetett szöveg most először a szanszkrit versek összetett, rejtett belső jelképrendszerének ismeretében készült – márpedig e jelképrendszer a megfelelő értelmezésben a Bhagavad-gíta korábban fel nem fedezett mélységeit tárja a szemünk elé, mint tökéletes útikalauz a jóga tudományához és az anyagi világban folytatott spirituális élet művészetéhez.

A Bhagavad-gíta „a jóga szentírásaként és az Istenre eszmélés tudományaként" (*brahmavidjájám jógaásastre*) határozza meg saját mibenlétét. Jógánanda fordítása messzemenően teljesíti az e leírásban rejlő ígéretet, s egyben feltárja a Bhagavad-gíta egybecsengését a jógáról írt másik ősi mesterművel, Patandzsali *Jóga-szútráival.*

A Bhagavad-gítában megrajzolt történelmi csata Jógánanda szerint ama belső konfliktus allegorikus ábrázolása, amely az ember anyagias ösztönei és ama veleszületett áhítozása között feszül, hogy elnyerje az Isteni Lénnyel alkotott egység üdvös boldogságot hozó spirituális tudatát. „Eme analógia alátámasztására – írja Jógánanda – pontos megfelelés mutatható ki az embernek Patandzsali *Jóga-szútráí*ban leírt anyagi és spirituális tulajdonságai, illetve a Bhagavad-gítában hadakozó ellenfelek között."

Az eredeti, szanszkrit versekben a jógára vonatkozó számos spirituális kifejezés és fogalom értelmezése foglaltatik benne a főszereplők szanszkrit neveiben rejlő jelképiségen túlmenően is. Ezekkel a Bhagavad-gíta tudásanyagát korszakokon át továbbörökítő bölcsek és tanítványaik mindig is tisztában voltak – jóllehet az egyes versek megszövegezésében konkrétan nem kerülnek említésre. Paramahansza Jógánanda ezeket a rejtett jelentéseket is belefoglalta fordításába és a hozzá kapcsolódó szövegmagyarázatba, hogy megkönnyítse a modern olvasók számára az ősi, szanszkrit versek pontos és teljes megértését.

Ha a fordító olyan művet akar kiadni kezéből, amely maradéktalanul tükrözi a Bhagavad-gíta szerzőjének eredeti szándékát, kétségtelenül személyes tapasztalati élményekkel kell rendelkeznie mindama mélységes igazságokról és emelkedett spirituális tudatállapotokról, amelyeket a Gíta megvilágít. Paramahansza Jógánanda, az *Egy jógi önéletrajza* című spirituális klasszikus szerzője, akit méltán neveznek „a jóga atyjának a nyugati világban", páratlanul rátermett volt arra, hogy behatoljon a Bhagavad-gíta jelentésének legmélyebb rétegeibe. Jógánanda, akit az Isten megismerésének legmagasabb fokán álló bölcsként világszerte elismerés övezett, egyben a mennyei megvilágosodásban részesült mesterek egyik jeles leszármazási vonalának kiválasztottja is volt: képviselője saját gurujának, Szvámi Srí Juktésvarnak (1855–1936), az ő mesterének, benáreszi Láhíri Mahásajának (1828–1895); és e vonal legfőbb gurujának, Mahávatár Bábádzsínak. India időtlen spirituális örökségének e modernkori újjászületésében, amely oly mélységes hatást gyakorolt világunk civilizációjára, ez a négy mester kiemelkedő szerepet játszott – felelevenítették napjaink embere számára a jóga ama legmagasabb rendű meditációs technikáit, amelyek India ősi, spirituális civilizációjának idején közismert tanításoknak számítottak, a sötét korszakok idején azonban hosszú évszázadokra elvesztek az emberiség zöme számára. Paramahanszadzsí így írt erről:

„Az én gurum és a *paramguruim* – Szvámi Srí Juktésvar, Láhíri Mahásaja és Mahávatár Bábádzsí – jelen korunk *risi*jei, avagy olyan mesterek, akik maguk is Istenre eszmélt eleven szentírások. Ők ajándékozták meg a világot – a *Krijá-jóga** régóta elveszett tudományos technikája mellett – a szent Bhagavad-gíta egy új kinyilatkoztatásával, amely elsősorban a jógatudomány és konkrétan a Krijá-jóga szempontjából bír kiemelt jelentőséggel."

Ezek a nagy mesterek voltak azok, akik megbízták Paramahansza Jógánandát a feladattal, hogy világszerte tanítsa a Bhagavad-gíta legbensőbb bölcsességét és a jóga lényegét. Guruja, Szvámi Srí Juktésvar így szólt hozzá: „Te a maga teljességében felfogod a Bhagavad-gíta igazságát… Menj hát, és add át e kinyilatkoztatott igazságot a saját értelmezéseiddel: egy új szentírás fog ekként megszületni."†

Mi is valójában a jóga?

Jóllehet sokan puszta fizikai gyakorlatokként gondolnak a jógára – vagyis ama *ászanák*ként, testhelyzetekként, amelyek az elmúlt évtizedekben széles körű népszerűségre tettek szert –, ezek voltaképpen csak a legfelszínesebb aspektusai e mély értelmű tudománynak, amelynek rendeltetése az emberi elme és lélek határtalan, szunnyadó képességeinek kibontakoztatása.

A *jóga* szó önmagában „egyesülést" jelent: az egyéni tudat vagy lélek öszszeolvadását az Egyetemes Tudattal vagy Szellemmel. A jógának különféle ösvényei léteznek, amelyek mind e cél felé vezetnek – az ösvények egytől egyig egy átfogó rendszer sajátos ágai.

Hatha-jóga – a fizikai testhelyzetek, azaz *ászanák* egy rendszere, amelynek magasabb rendeltetése megtisztítani a testet, tudatos ellenőrzést biztosítani az

---

* „A *Krijá* egy ősi tudomány – írta Jógánanda *Egy jógi önéletrajza* című művében. – Láhíri Mahásaja az ő nagy gurujától, Bábádzsítól kapta örökül, aki újra felfedezte és tisztázta mibenlétét, miután a sötét korokban hosszú időre elveszett. Bábádzsí egyszerűen *Krijá-jógá*nak nevezte át."

„A *Krijá-jóga*, melyet én terajtad keresztül adok át a világnak e tizenkilencedik évszázadban – mondotta Bábádzsí Láhíri Mahásájának –, ugyanazon tudás felelevenítése, melyet Krisna bízott évezredekkel ezelőtt Árdzsunára; és amelyet a későbbiekben egyaránt ismert Patandzsali és Krisztus, akárcsak Szent János, Szent Pál és más tanítványok." A *Krijá-jógát* a *Self-Realization Fellowship Lessons* azon tanulmányozóinak tanítjuk, akik sikerrel elsajátítanak bizonyos előzetes, spirituális tudásanyagot. Lásd 173.o.

† Paramahansza Jógánanda a *God Talks With Arjuna: The Bhagavad Gita – Royal Science of God-Realization* (Isten szavai Ardzsunához: A Bhagavad-gíta – Az Istenre eszmélés királyi tudománya) címet adta a Bhagavad-gítáról írt átfogó művének (két kötet; a Self-Realization Fellowship kiadásában, Los Angeles).

embernek belső állapotai felett, és felkészíteni testét a meditációra.

Karma-jóga – önzetlen szolgálattétel másoknak, akik saját magasabb Énünk részei, az eredményekhez való kötődés nélkül, miközben minden tettünket áthatja annak tudata, hogy Isten a Cselekvő.

Mantra-jóga – a benső tudat összpontosítása a *dzsápa*, bizonyos egyetemes gyökérszavak ismételgetése révén, amelyek a Szellem egy-egy sajátos aspektusát jelenítik meg.

Bhakti-jóga – teljes önátadást követelő áhítat, amelynek révén az ember igyekszik minden teremtményben és dologban az istenséget meglátni és szeretni, ekként fenntartva a szüntelen imádat állapotát.

Dzsnyána-jóga (angolos kiejtése „dzsjána-jóga") – a bölcsesség útja, amely a józan ítéletű értelem latba vetésének fontosságát hangsúlyozza a spirituális felszabadulás elérése végett.

Rádzsa-jóga – a jóga királyi avagy legmagasabb rendű ösvénye, amelyet a Kr. e. második században rendezett egységes formába az indiai bölcs, Patandzsali, s amely az összes többi ösvény lényegét magában foglalja.

A Rádzsa-jóga rendszerének középpontjában a különböző megközelítésmódokat kiegyensúlyozva és egyesítve a meditáció meghatározott tudományos módszereinek – amilyen a Krijá-jóga – gyakorlása áll; ez már a kezdet kezdetétől lehetővé teszi az ember számára, hogy futó pillantásokat vethessen a végső célra, vagyis az üdvös boldogság kiapadhatatlan forrására, a Szellemre.

A Bhagavad-gíta bemutatja, hogyan járul hozzá a jóga különböző ösvényeinek mindegyike a legfőbb cél, az Istennel való egyesülés eléréséhez.* A Karma-jóga, a Bhakti-jóga és a Dzsnyána-jóga (szánkhja) mind témái egynek-egynek a Bhagavad-gíta tizennyolc fejezete közül, és a szöveg számos egyéb versében is található rájuk utalás. (A Dzsnyána-jóga, vagyis a józan ítéletű bölcsesség ösvénye központi eleme az egész történetnek; a Bhagavad-gíta hősei – a Pándavák – ugyanis a józan ítélőképesség felvilágosult erőit

---

* A tényre, hogy Jézus is az Istenre eszmélés egyazon egyetemes tudományát és a spirituális élet ugyanazon tantételeit ismerte és tanította, a jelen könyv társkötete szolgál tanúsággal, amelynek címe *The Yoga of Jesus: Understanding the Hidden Teachings of the Gospel* (Jézus jógája: az Evangéliumok rejtett tanításainak megértése) – e mű szemelvényeket tartalmaz Paramahansza Jógánanda nagy elismerésnek örvendő, kétkötetes szövegmagyarázatából, amelyet Krisztus eredeti tanításairól írt *The Second Coming of Christ: The Resurrection of the Christ Within You* (Krisztus második eljövetele: a bensődben élő Krisztus feltámadása) címmel.

képviselik, amelyeket a léleknek fel kell ébresztenie magában, hogy elérje a felszabadulást.) A fent említett többi fő jógaösvény szintúgy szerves részét képezi a Bhagavad-gíta átfogó tanításának, amint arra Paramahanszadzsí szövegmagyarázata rávilágít.

A Bhagavad-gítát, amely a különálló megközelítésmódokat a legmagasabb rendű spirituális tudathoz vezető, kiegyensúlyozott és átfogó ösvénnyé ötvözi, méltán tekintjük a Rádzsa-jógáról szóló kiemelkedő szentírásnak, avagy „az Istenre eszmélés királyi tudományának", ahogyan Paramahansza Jógánanda kétkötetes szövegmagyarázata, az *Isten szavai Ardzsunához* alcímében nevezte. E műben a Bhagavad-gíta minden egyes versét spirituális jelentésének és a mindennapi életben történő alkalmazásának beható magyarázata követi. A jelen kötetben azonban Jógánanda fordítása most először önmagában – a közbeszúrt szövegmagyarázatok nélkül, eredeti sorrendiségében – látott napvilágot.

A Paramahanszadzsí átfogó szövegmagyarázatából kiválogatott szemelvények, amelyek jelen műben helyet kaptak, a Bhagavad-gítában leírt párbeszéd első részére összpontosítanak – bepillantást nyújtva abba a spirituális jelképrendszerbe, amelyet a két szembenálló hadsereg vezéralakjai testesítenek meg.* E bevezető magyarázatot (a II. részben) a Bhagavad-gíta 700 verse követi megszakítás nélkül. Az olvasó a könyv első részében kapott allegorikus kulcs birtokában könnyűszerrel képes lesz megérteni az Úr Krisna szándékát, amely a Bhagavad-gíta párbeszédének tizennyolc fejezetén át vezérelte: hogy a testhez kötött ego és anyagi tudatlanság bitorló lélektani erőinek megdöntésére, és örökkévaló, spirituális önazonosságának, a Szellemmel alkotott egységének visszanyerésére ösztökélje tanítványát, Ardzsunát.

Egy ehhez hasonlóan rövid mű persze csak bepillantást nyújthat a Bhagavad-gíta tömör szövegébe zárt, ösztönző és mély értelmű bölcsességébe – amelynek mélységeit Paramahansza Jógánanda az egyes versekről írt beható szövegmagyarázatában térképezi fel maradéktalanul, ahogyan az az *Isten szavai Ardzsunához* két kötetében megjelent. Azon olvasóknak, akik szeretnének a legmegvilágosítóbb módon tisztába jönni a Bhagavad-gíta időtlen bölcsességének gyakorlati alkalmazásával, érdemes e terjedelmesebb műre támaszkodniuk.

---

* Szükségesnek tartjuk megjegyezni, hogy a jelen kötetben keretben, illetve lábjegyzetben megjelenő anyag szintúgy Paramahansza Jógánanda *Isten szavai Ardzsunához* című, átfogó szövegmagyarázatából származik, hacsak egyéb forrást fel nem tüntetünk.

„A könyv a spirituális élet hiteles enciklopédiája – írta dr. David Frawley, a jeles jóga-tudós. – Jógánandát a legtöbben *Egy jógi önéletrajza* című könyvéről ismerik, de a Bhagavad-gíta értelmezése is ugyanolyan rangú és horderejű mű. Amit *Önéletrajza* az emberi megtapasztalás birodalmában véghezvisz, azt valósítja meg az *Isten szavai Ardzsunához* a spirituális élet tekintetében, mindenre kiterjedő útmutatót biztosítva hozzá...

A Bhagavad-gíta értelmezésében Jógánanda a legmagasabb rendű bölcsként és spirituális tudósként mutatkozik meg, a jóga avatárjaként az eljövendő világcivilizáció számára. Műve kétségtelenül múlhatatlan nyomot hagy maga után."

*Self-Realization Fellowship**

---

* Szó szerint fordításban: Az Ön-magunkra Ébredés Társasága. Paramahansza Jógánanda értelmezésében a Self-Realization név jelentése: „Közösség Istennel az Énre ébredés révén, testvériség minden istenkereső lélekkel." Lásd még „A Self-Realization Fellowship céljai és eszményei".

I. RÉSZ

KULCS A
BHAGAVAD-GÍTA
BÖLCSESSÉGÉHEZ

Bhagaván Krisna és tanítványa, Ardzsuna a kuruksetrai csatamezőn.

Bevezetés „A Szellem Éneké"-hez

A Bhagavad-gíta India legnagyobb becsben tartott ősi irata, a szentírások szentírása. Ez a hindu Biblia, avagy Ó- és Újszövetség, az egyetlen könyv, amelyből a spirituális bölcsesség legfőbb, hiteles kútfejeként valamennyi mester egyaránt merít. *Bhagavad-gíta* annyit jelent, hogy „A Szellem Éneke", ember és Teremtője isteni egyesülése az igazságra eszmélésben, a Szellemnek a lélekben felhangzó tanítása, amelynek örökkön zengenie kell…

A Bhagavad-gítába a kozmosz egész tudása bele van zsúfolva. E páratlanul mélyenszántó, a kinyilatkoztatások nyelvén megszólaló, mégis vigasztaló szépséggel és egyszerűséggel megfogalmazott mű az emberi erőfeszítések és spirituális törekvések valamennyi szintjén értelmezhető és alkalmazható, s ekként a legkülönbözőbb adottságokkal és szükségletekkel rendelkező emberek roppant széles tömegeinek nyújthat biztos menedéket. Ha bárki az Istenhez visszavezető utat rója, a Bhagavad-gíta fényt fog deríteni útjának adott szakaszára.

A civilizáció egy ősi, magasabb rendű korszakának bölcsessége

India irodalmában megőrizte magasan fejlett civilizációjának örökségét, amely egy dicsőséges aranykorra nyúlik vissza. A hinduk a múlt távolába vesző korban, amelyben a Védák fogantak, illetve fennkölt vers- és prózairodalmuk nagyszabású kibontakozásának rákövetkező időszakaiban nem gigászi kőoszlopok vagy szétporló épületek formájában állítottak emléket civilizációjuknak, hanem a dallamos szanszkrit nyelv anyagából faragott, ékes szópaloták enyészhetetlen alakjában. A Bhagavad-gíta puszta kompozíciója is – ékesszólása, alliteráló nyelvezete, előadásmódja, stílusa és harmóniája – tanúsítja, hogy India ekkorra már rég keresztülment az anyagi és intellektuális fejlődés szakaszain, és feljutott a spiritualitás magasztos csúcsaira.

❖ ❖ ❖

A Bhagavad-gíta versei a hatodikban találhatók ama tizennyolc könyvből, amelyek India nagy elbeszélő költeményét, a *Mahábháratát* alkotják... Ez az ősrégi eposz – talán a világirodalom leghosszabb költeménye – Bharáta király leszármazottainak, a Pándaváknak és Kauraváknak a történetét regéli el. Az unokatestvérek e két nemzetségének egy királyság felett folytatott vitája volt a kiváltó oka a kuruksetrai csatamezőn vívott, eget-földet megrengető harcnak. A Bhagavad-gíta, e szent párbeszéd, amelyet Bhagaván Krisna – aki egyszerre volt földi király és isteni megtestesülés – és legfőbb tanítványa, a Pándava herceg Ardzsuna folytatott a jógáról, vélhetően e rettenetes csata előestéjén hangzott el.

A *Mahábhárata* – és a részét képező Bhagavad-gíta – szerzőjének a hagyomány szerint a megvilágosodott bölcset, Vjászát tartják, akinek életét időben nem tudjuk pontosan behatárolni... A hagyomány számos irodalmi művel összefüggésbe hozza Vjászát: elsősorban a négy Véda rendszerezőjeként tekint rá (ezért is nevezik gyakran Védavjászának), illetve a *Puránák* – e szent

---

India kortalan bölcsessége

A hindu szentírások tanúsága szerint India civilizációja jóval korábbra nyúlik vissza, mint azt a kortárs nyugati történészek elismerik. Szvámi Srí Juktésvar *A szent tudomány* (Los Angeles, Self-Realization Fellowship) című művében úgy számítja, hogy az Aranykor, amelyben India spirituális és anyagi civilizációja a tetőpontjára hágott, körülbelül Kr. e. 6700-ban ért véget – több ezer esztendős virágkor után. India szentírási hagyománya a királyok és bölcsek számos nemzedékét sorolja fel, akik a *Mahábhárata* fő témáját alkotó eseményeket megelőzően éltek. Krisna magában a Bhagavad-gítában leírja India spirituális kultúrájának hosszú leszármazását az Aranykortól a saját koráig, amelynek során a jóga tudománya fokozatosan feledésbe merült. „Az antropológusok zöme rövid úton»mítoszként«veti el a Lemúria, Atlantisz, India, Kína, Japán, Egyiptom, Mexikó és számos másik ország rendkívül ősi civilizációiról beszámoló, széles körben elterjedt hagyományokat abban a meggyőződésben, hogy tízezer esztendeje az emberiség még a barbár kőkorszakban élt" – olvashatjuk az *Egy jógi önéletrajzának* egy szakaszában. A közelmúlt tudományos kutatásainak fényében azonban mindinkább felmerül az igény, hogy az ősi kronológiák igazságát újraértékeljük. *(A Kiadó megjegyzése)*

könyvek a védikus tudást szemléltetik az ősi India avatárjairól, szentjeiről és
bölcseiről, királyairól és hőseiről szóló, történelmileg igazolható és legendás
regékkel – összegyűjtőjeként, és a *Mahábhárata* című eposz szerzőjeként tartja
számon, amelyet állítólag késő öregkorában a Himalája magányába elvonulva,
két és fél esztendei szakadatlan munkával írt meg.

Így törjük fel a Bhagavad-gíta jóga-jelképrendszerének kódját

Az ősi, szent iratok nem különböztetik meg egyértelműen a történelmet a
jelképiségtől, inkább gyakran elegyítik e kettőt a szent kinyilatkoztatások ha-
gyományában. A próféták saját koruk mindennapi életéből és eseményeiből
ragadnak ki példákat, s az ezek alapján vont hasonlatokkal fejeznek ki kifino-
mult spirituális igazságokat. Ha nem köznapi fogalmakkal határoznák meg,
az átlagemberek képtelenek volnának felfogni az isteni bölcsesség mélysége-
it. Amikor pedig a szentírások prófétái talányosabb szóképekkel és allegóri-
ákkal éltek – mint gyakorta tették –, ezzel az volt a céljuk, hogy elpalástolják
a Szellem leginkább mély értelmű kinyilatkoztatásait a tudatlan, spirituálisan
felkészületlen elmék elől. Ekként a bölcs Vjásza igen elmésen fogalmazta meg a
Bhagavad-gítát a hasonlatok, metaforák és allegória nyelvén oly módon, hogy a
történelmi tényeket lélektani és spirituális igazságokkal szőtte egybe, szavaival
szemléletes képet festve azokról az ádáz belső csatákról, amelyeket az anyagi
és a spirituális embernek egyaránt meg kell vívnia. A jelképiség kemény héjá-
ban rejtette el a legmélyebb spirituális jelentéseket, hogy megoltalmazza őket a
tudatlanság pusztításától a sötét korokban, amelyekbe a civilizáció Srí Krisna
földi megtestesülésének végével egyidejűleg alámerült.

Történelmi szempontból felettébb valószínűtlen, hogy a *Mahbháratá*ban
elbeszélt, borzalmas csata küszöbén Krisna és Ardzsuna harci szekerükkel be-
hajtottak volna a kuruksetrai nyílt harcmezőre, a két szembenálló sereg közé,
majd a Bhagavad-gítának megfelelően hosszadalmas eszmecserébe bocsátkoz-
tak volna a jógáról. Jóllehet a fajsúlyos *Mahábháratá*ban bemutatott főbb ese-
mények és személyek közül soknak valóban fellelhető a maga hiteles történel-
mi mása, az epikus költemény keretei között alkalmatosan és jelentőségteljesen
(és a Bhagavad-gíta részben csodálatos tömörséggel) ábrázolták őket, éspedig
azzal az elsődleges célzattal, hogy megvilágítsák India *Szanátana Dharmájá*-
nak, azaz Örökkévaló Vallásának lényegét.

A szentírások értelmezésekor következésképpen az embernek nem szabad figyelmen kívül hagynia a tényszerű és történelmi elemeket, amelyekbe az igazságot beágyazták. Ezen túlmenően különbséget kell tennünk egy erkölcsi tantétel köznapi szemléltetése, illetve egy spirituális jelenség vagy mélyebb ezoterikus szándék megfogalmazása között. Tudnunk kell, miként ismerjük fel a spirituális tantételek anyagi szemléltetésének jeleit anélkül, hogy mindenből rejtett jelentést próbálnánk kicsiholni. Tisztában kell lennünk azzal, hogyan leljük meg ösztönösen a vezérfonalat, és adjunk hangot a szerző mondanivalójának, s miként őrizkedjünk attól, hogy lelkesedésünktől és csapongó képzeletünk rossz szokásától félrevezetve, amely igyekszik spirituális fontosságot tulajdonítani minden egyes szónak vagy mondatnak, szándékolatlan jelentéseket adjunk a szerző szájába.

A szentírás megértésének valódi módja az ösztönös megérzés, a ráhangolódás az igazság bensőnkben felcsendülő hangjára… Egy Istenre eszmélt guru segítségével az ember megtanulja, hogyan használja az intuitív felfogás diótörőjét, hogy feltörje a nyelvi megfogalmazás és kétértelműség kemény héját, s eljusson a szentírások mondásaiban rejlő igazságmagig.

Az én gurum, Szvámi Srí Juktésvar sosem engedte, hogy puszta elméleti érdeklődéssel olvassam a Bhagavad-gíta bármely strófáját (avagy Patandzsali, a legnagyobb indiai jógamagyarázó aforizmáit). A Mester megtanított rá, hogy addig elmélkedjem a szentírások igazságain, amíg eggyé nem válok velük, és ekkor megvitatta őket velem… Ily módon a Mester áldott társaságában töltött, becses évek során kulcsot kaptam a szentírás rejtélyének megfejtéséhez.

❖ ❖ ❖

A *Mahábhárata* története három nemzedékkel Krisna és Ardzsuna kora előtt, Sántanu király idejében veszi kezdetét…

A Kuruk és Pánduk leszármazása Sántanutól párhuzamba állítható azzal a folyamattal, ahogyan az univerzum és az ember lépésről lépésre leereszkedett a Szellem birodalmából. A Bhagavad-gíta párbeszéde azt is tárgyalja, miként fordítható vissza az alászállás e folyamata, vagyis miként válhat képessé az ember, hogy önmaga mint halandó lény behatárolt tudatából visszaemelkedjen valódi Énje, a lélek tudatáig, amely egy a végtelen Szellemmel.

E családfát ábrázolom is a könyvben [*Isten szavai Ardzsunához*], a különböző szereplők spirituális jelentőségét is feltüntetve, ahogyan Láhíri

Mahásaja örökül hagyta ránk. Ezek az ezoterikus jelentések persze korántsem önkényesek. Miközben az ember a szavak és nevek benső jelentését magyarázza, elsődleges fontosságú, hogy az eredeti szanszkrit tőig fejtse vissza őket. Szörnyű tévedésekre vezethet a szanszkrit fogalmak meghatározásában, ha hiányzik belőlünk az ösztönös képesség, amellyel eljuthatunk a helyes szótőig, hogy azután e tőből kihüvelyezzük a valódi értelmet az adott szó eredete idején bevett használatának megfelelően. Ha az ember biztos alapot vet, akkor már könnyen meríthet a szavak általános jelentésére, illetve egy konkrét használatára vonatkozó különféle forrásokból, hogy kialakítson egy meggyőző és összefüggő elgondolást.

Figyelemreméltó, hogyan ékesített fel e nagy mű, a Bhagavad-gíta szerzője minden lélektani hajlamot vagy képességet, valamint számos metafizikai elvet egy-egy találó névvel. Mily csodálatosan kifejezők az egyes szavak, amelyek mind egy-egy szanszkrit tőből sarjadnak ki! Az ember vég nélkül onthatná az oldalakat, ha teljesen bele akarna merülni a szanszkrit nyelv szóképek alatt meghúzódó mélységeibe…

Az olvasó számára már az első fejezet első néhány strófájához fűzött magyarázat gondos áttanulmányozása után nyilvánvalóvá fog válni, hogy a csata és a hadviselő felek történelmi hátterét a szerző azzal a célzattal használta fel, hogy szemléltesse a lélekkel összhangban lévő, színtiszta józan értelem és az ego csalóka befolyása alatt álló, vak, érzéki észleletektől tébolyult elme tulajdonságai között dúló spirituális és lélektani küzdelmet. Eme analógia alátámasztására pontos megfelelés mutatható ki az embernek Patandzsali *Jóga-szútráiban* leírt anyagi és spirituális tulajdonságai, illetve a Bhagavad-gítában hadakozó ellenfelek között: a Pánduk nemzetsége képviseli a Színtiszta Értelmet; a vak Dhritarástra király nemzetsége pedig a Világtalan Elmét, amelynek ivadékai a gonosz érzéki hajlamok [a Kauravák vagy Kuruk].

❖ ❖ ❖

Az érzékek e barbárjai – a vak, érzéki elme sarjai – csak betegséget, lelki nyavalyákat s a tudatlanság és spirituális ínség mételyét hozták magukkal annak köszönhetően, hogy a bölcsesség fáján hiányzik a test birodalmából.

A felébredett lélek erőinek és a meditációban edzett önuralomnak kell magához ragadnia e birodalom irányítását, és kitűzni benne a Szellem lobogóját, bevezetve a békesség, a bölcsesség, a bőség és az egészség tündöklő uralmát.

Bhagaván Krisna, a Jóga Ura: a Bhagavad-gíta isteni tanítómestere

A Bhagavad-gíta kulcsszereplője természetesen Bhagaván Krisna. A történelmi Krisna a szentírások szóképeinek és mitológiájának ködébe burkolózik. A „Krisna" és „Krisztus" címek hasonlósága, illetve a két tanítómester csodálatos születéséről és korai éveiről szóló mesék párhuzamai egyes elemző koponyákat egyenesen arra a felvetésre ösztökéltek, hogy Krisna és Krisztus valójában egy és ugyanaz a személy volt. Ezt az elgondolást azonban még a nagy tanítók szülőhazájában fellelhető gyér bizonyítékok alapján is határozottan elvethetjük.

Mindazonáltal bizonyos hasonlóságok igenis kimutathatók. Krisna és Krisztus egyaránt isteni fogantatású lény volt, akiknek születését és Istentől elrendelt küldetését előre megjósolták. Jézus egy szegényes jászolban született, Krisna pedig börtönben (ahol a szüleit, Vaszudévát és Dévakít fogságban tartotta Dévakí gonosz fivére, Kansza, aki elbitorolta atyja trónját). Jézust és Krisnát egyaránt sikeresen rejtették biztonságba egy halálos ítélet elől, amelyet azért hoztak, hogy már születésükkor felkutassák és elpusztítsák őket. Jézust a jó pásztornak nevezték, Krisna ifjonti éveiben marhapásztor volt. Jézust megkísértette és megfenyegette a Sátán; Krisnát pedig démoni formában üldözte a gonosz erő, sikertelenül igyekezvén elveszejteni.

A „Krisztus" és „Krisna" címek ugyanazokat a spirituális jelentéseket hordozzák: Jézus, a Krisztus és Jádava, a Krisna (a Jádava Krisna családneve, amely arra utal, hogy a nagy tanító Jadutól, a Vrisni-dinasztia ősatyjától származik). Ezek a címek egyaránt azt a tudatállapotot határozzák meg, amely e két megvilágosodott lényben megnyilvánult: a megtestesült egységet a teremtett világban mindenütt jelenlévő Isten tudatával. Ez az Egyetemes Krisztus-tudat, avagy *Kutasztha Csaitanja*, illetve az Egyetemes Krisna-tudat maga az „egyszülött fiú", vagyis Isten egyedüli torzítatlan tükörképe, amely a megnyilvánult kozmosz minden egyes atomját és térbeli pontját áthatja. Isten tudata maradéktalanul azokban nyilvánul meg, akik teljességgel ráeszméltek a Krisztus- vagy Krisna-tudatra. Mivel az ő tudatuk egyetemes, fényük az egész világon szétárad.

A *sziddha* egy tökéletes lény, aki elérte a teljes megszabadulást a Szellemben; az ilyen személy *paramuktává*, vagyis „fenségesen szabaddá" válik, és ezt követően visszatérhet a földre *avatáraként* – ahogyan ezt Krisna, Jézus és az emberiség számos másik megváltója tette időtlen idők óta.* Valahányszor az erény lehanyatlik, egy Istentől megvilágosodott lélek száll le e földre, hogy ismét előtérbe állítsa azt (Bhagavad-gíta IV:7–8). Egy avatárnak vagy isteni megtestesülésnek két célkitűzése van e világon: az egyik mennyiségi, a másik

* A szanszkrit *avatára* jelentése „leereszkedés"; tövei az *ava*, vagyis „le", valamint a trí, vagyis „vonul" szavak. A hindu szentírásokban az *avatára* az Istenség hús-vér testbe történő leereszkedését jelenti.

Képes Isten maga emberi lényként testet ölteni?

Ha azt állítanánk, hogy Isten *nem* képes megcselekedni egy bizonyos dolgot, azzal korlátokat állítanánk Őelébe. Azonban oly sok minden van, amit Isten megtehetne, és mégsem tesz meg – vagy legalábbis nem úgy, ahogyan az emberi lények várnák Tőle. Nincs tudomásunk olyasmiről, hogy az Úr valaha is emberi alakot öltött volna „Isten" néven, és ebben lakozott volna az emberek között. („Miért mondasz engem jónak? Senki sem jó, csak egy, az Isten" –mondta Jézus, hogy megkülönböztesse önmagát, az avatárt az Atyaistentől, az Abszolútumtól, a Formanélkülitől.) Az Úr azonban számos alkalommal kegyelmet gyakorolt azáltal, hogy kinyilvánította Önmagát egy teljességgel felszabadult lény megtestesülése révén, aki bár hajdan maga is közönséges ember volt, utána azonban „Isten fiává", avagy igaz tükörképévé vált. Isten, aki mindenható, és bármit képes megcselekedni, ekként juttatja kifejezésre az Ő Mindentudását egy avatár emberi testén keresztül. Ahogyan a Kozmikus Tudat óceánja tisztában van vele, ha egy lélek-hullám emelkedik ki a felszínén, éppúgy az avatár lélek-hulláma is tudomással bír a Kozmikus Tudat óceánjáról, amely az ő alakjában nyilvánul meg.

❖ ❖ ❖

[Az imént mondottakat mindig szem előtt kell tartani a Bhagavad-gíta ama számos versének olvasása közben, amelyekben az Úr Krisna a Legfelsőbb Lényként hivatkozik önmagára, mint például:]

„Mert én vagyok a Végtelennek, a Halhatatlannak, az Elpusztíthatatlannak alapja; akárcsak az örökkévaló Dharmáé és a vegyítetlen Üdvös Boldogságé." Krisna itt a Pratjagátmaként, az ember lelkeként vagy igaz lényeként szól, amely azonos Istennel: a Szellemmel vagy az Abszolútummal. Krisna szavai, miszerint „én vagyok a Végtelennek alapja", isteni távlatukban rokoníthatók Jézus kijelentésével: „Mielőtt Ábrahám lett, én vagyok." Krisna és Krisztus egyaránt az Önmagukra eszmélés mélységeiből szólt, jól tudván, hogy „én és az Atya egy vagyunk".

minőségi jellegű. Egyfelől a jónak a rossz elleni küzdelméről terjesztett, nemes tanításaival felemeli a széles néptömegeket, másfelől azonban – és az avatár fő célja mindig minőségi jellegű –, más lelkeket is hozzásegít az Istenre eszméléshez, a lehető legtöbb embert juttatván el a felszabadulásig.

Ez utóbbi az a mélyen személyes és bizalmas spirituális kötelék, amely a gurut és tanítványát egymáshoz fűzi: a tanítvány részéről kifejtett, állhatatos spirituális törekvés, és a guru által neki adományozott isteni áldások egybeolvadása. A növendékek azok, akikre csak halványan vetül rá az igazság fénye. A tanítványok ellenben azok, akik eltökélten és tántoríthatatlanul, odaadóan és áhítatosan követik mesterüket, amíg csak rá nem lelnek saját szabadságukra Istenben. A Bhagavad-gíta Ardzsunát emeli az eszményi hívő, a tökéletes tanítvány jelképévé.

Amikor Srí Krisna testet öltött a Földön, Ardzsuna, aki korábbi életében nagy bölcs volt, szintén e világra született, hogy a kísérője legyen. A nagy lelkek mindig hoznak magukkal spirituális társakat az előző életeikből, hogy segítségükre legyenek jelenlegi küldetésükben. Krisna atyja Ardzsuna anyjának fivére volt; ekként Krisna és Ardzsuna unokatestvérek – vérrokonok, akiket azonban egy ennél is erősebb spirituális kötelék kapcsolt össze.

Srí Krisna Gokulában, pásztorkodó népek körében nevelkedett, Vrindávan közelében, a Jamuna-folyó partján, ahová titokban csempészte atyja, Vaszudéva közvetlenül azután, hogy Dévakí a mathurái tömlöcben életet adott neki. (Csodálatos módon a zárt ajtók feltárultak, az őrök pedig mélységes kábulatba hullottak, lehetővé téve, hogy a kisdedet biztonságban elmenekíthessék nevelőszülei otthonába.) A nevelőszülők a jóságos marhapásztor, Nanda és szerető felesége, Jasoda lettek. Krisna Vrindávanban töltött gyermekéveiben mindenkit lenyűgözött koraérett tudásával és hihetetlen erőinek megnyilvánulásaival. Benső derűje gyakran pajzán csínyekben tört a felszínre – nagy mulatságára és gyönyörűségére, s persze olykor megrökönyödésére azoknak, akikre tréfái irányultak.

Az egyik ilyen eset kapcsán tárult fel Jasoda előtt az általa nevelt gyermek isteni természete. A kisgyermek Krisna előszeretettel kaparintotta meg és jóízűen fogyasztotta el a tejesasszonyok által készített sajtot. Egyszer az orcája úgy kidagadt a sok befalt sajttól, hogy Jasoda már attól félt, a kisfiú meg fog fulladni, úgyhogy rohant szétfeszíteni dugig tömött száját. Azonban sajt helyett (népszerű beszámolók szerint a gyermek Krisna sarat evett) Jasoda az egész világmindenséget – a Teremtő végtelen testét (*visvarúpa*) – pillantotta meg a gyermek tátott szájában, benne tulajdon asszonyi képmásával. Jasoda megilletődve elfordult a kozmikus látomástól, s boldogan szorította ismét keblére szeretett kicsi fiát.

Krisna gyönyörűséges alkatú és arcvonású, ellenállhatatlanul bájos viselkedésű kisfiúként, aki maga volt az isteni szeretet megtestesülése, és mindenkiben örömöt fakasztott, közszeretetnek örvendett a faluban, s elbűvölő vezére és barátja volt gyermektársainak, a *gópák*nak és *gópik*nak, akik vele együtt őrizték a falu csordáját az erdős tájon.

A világ, amely oly erőteljesen függ az érzékektől, mint a kielégülés egyedüli eszközeitől, vajmi kevéssé képes megérteni ama isteni szeretet és barátság tisztaságát, amelyet nem szennyeznek testi vágyak és megnyilvánulások. Képtelen ötlet tehát szó szerint értelmezni az állítólagos enyelgéseket, amelyeket Srí Krisna a *gópik*kal folytatott. Ez csupán a Szellem és a Természet egységének jelképes megfogalmazása, amelyek a teremtett világban egymással táncra kelvén létrehozzák az isteni *lílát*, avagy játékot Isten teremtményeinek gyönyörködtetésére. Srí Krisna mennyei furulyájának megigéző dallamaival minden ájtatos hívőt a *szamádhi*-meditációban végbemenő isteni egyesülés lugasába hívogat, hogy ekként fürdőzzenek Isten üdvözítő szeretetében.

A jelek szerint Krisna még alig nőtt ki a gyermekkorból, amikor eljött számára az idő, hogy elhagyja Vrindávant, és beteljesítse a célt, amelyre földi megtestesülése rendeltetett: hogy segítsen az erényeseknek a gonosz megzabolázásában. Első vitézi tette – számos hősi és csodás kaland közepette – a gonosz Kansza elpusztítása, s vér szerinti szülei, Vaszudéva és Dévakí kiszabadítása volt tömlöcükből. Ezt követően Vaszudéva elküldte őt és fivérét, Balarámát tanulni a nagy bölcs, Szandipáni ásramjába.

Királyi származású lévén, Srí Krisna felnőttként eleget tett uralkodói kötelezettségeinek, s számos hadjáratba bocsátkozott a gonosz zsarnokok uralma ellen. Megalapította saját királysága fővárosát, Dvárkát egy part közeli szigeten, a nyugati Gudzsarát államban. Krisna élete nagymértékben összefonódott a Pándavákkal és Kauravákkal, akiknek fővárosa India északi-középső részén helyezkedett el, a mai Delhi közelében.* Szövetségesként és tanácsadóként részt vett számos világi és spirituális ügyükben, s különösképpen jelentős szerepet játszott a Pánduk és Kuruk által vívott kuruksetrai csatában. [Lásd a keretes szöveget a következő oldalon.]

---

* Kuruksetra, a Bhagavad-gítában bemutatott nagy csata, és az Úr Krisna és Ardzsuna között folyó párbeszéd színhelye Delhitől mintegy 160 kilométernyire északra terül el, s mindmáig nagy becsben tartott zarándokhely. *(A Kiadó jegyzete)*

Amikor Srí Krisna beteljesítette isteni rendelésű küldetését e földön, visz-
szavonult az erdő mélyére. Ott egy véletlen sérülés következtében, amelyet egy
vadász okozott nyilával, aki a tisztáson pihenő Krisnát szarvasnak nézte, leve-
tette magáról földi porhüvelyét – ezt az eseményt egyébként előre megjósolták
e világról való távozásának okaként.

A Bhagavad-gítában figyelmünk arra a szerepre összpontosul, amelyet Srí
Krisna Ardzsuna gurujaként és tanácsadójaként játszott, valamint a jóga ama
magasztos üzenetére – az isteni egyesüléshez és üdvözüléshez elvezető igaz cse-
lekvés és meditáció útjára –, amelyet tanítómesterként a világnak hirdetett, s
amelynek bölcsességéért az áhítatos hívők minden korban a szívükbe zárták őt
magát, és elméjükbe vésték szavait.

Sokszor hallunk szent aszkétákról vagy prófétákról, akik az erdő mélyén
vagy eldugott helyeken élnek, ám ők egyszerű önmegtagadók; Srí Krisna azon-
ban az isteni természet egyik legékesebb példája volt, hiszen Krisztusként élt

Krisna szerepe a kuruksetrai csatában

Az öt Pándava herceg és a száz Kaurava ivadék együtt nevelkedett és járt isko-
lába tanítómesterük, Drona keze alatt. Ardzsuna mindnyájuk közül kitűnt vitéz-
ségével; senki sem mérkőzhetett vele. A Kauravák szívében irigység és gyűlölkö-
dés lobbant a Pánduk ellen...

Idővel a Kuruk és Pánduk között a királyság feletti uralom miatt kirobbant vi-
szály végleg elmérgesedett. Durjódhana, akit irigy sóvárgás emésztett a főhatalo-
mért, agyafúrt tervet eszelt ki: egy csalárd kockajátékot. Egy ravasz összeesküvés
révén, amelyet Durjódhana és gonosz nagybátyja, Sakuni – aki a cselszövés és
ámítás nagymestere volt – együtt forraltak, Judhisthira [a legidősebb Pándava fi-
vér] sorra minden dobásnál veszített, amíg végül eljátszotta királyságát, majd ön-
magát és fivéreit, végül pedig feleségét, Draupadít. Ekként Durjódhana elorozta a
Pánduktól királyságukat, és száműzetésbe küldte őket a vadonba tizenkét eszten-
dőre, és még egy tizenharmadik esztendőt is kimért rájuk, amelyet álruhában, az
ismeretlenség homályában kellett tölteniük. Ezt követően, ha életben maradnak,
visszatérhetnek, és újra igényt támaszthatnak elveszített királyságukra. A megsza-
bott időben a jó Pánduk, miután eleget tettek száműzetésük minden feltételének,
visszatértek, és követelték birodalmukat; a Kuruk azonban egy tűhegynyi nagy-
ságú földdarabtól sem voltak hajlandók megválni.

Amikor a háború elkerülhetetlenné vált, a Pánduk részéről Ardzsuna, a Kuruk

és nyilvánult meg, ugyanakkor egy nemes király kötelezettségeit is teljesítette. Az ő élete nem a cselekvésről való lemondás ideálját hirdeti – amely igencsak ellentmondásos tantétel egy olyan világ lakói számára, amelynek életeleme a tevékenység –, hanem a földhöz kötő, a cselekvés gyümölcseire irányuló vágyak megtagadásának eszményét.

Munka nélkül az emberi civilizáció a betegség, éhínség és zűrzavar ősvadonja volna. Ha a világon mindenki hátat fordítana az anyagi civilizációnak, hogy az erdőkben éljen, akkor az erdők helyén kellene városokat építeni, másként az ott lakók sorra pusztulnának el az egészségügyi ellátás hiánya miatt. Az anyagi civilizáció viszont telis-tele van fogyatékossággal és nyomorúsággal. Milyen orvosságot javasolhatunk hát e bajra?

Krisna élete ékes tanúsága filozófiájának, miszerint nem muszáj elszöknünk az anyagi világ kötelezettségei elől. A probléma megoldása abban rejlik, ha magunkkal hozzuk Istent oda, ahová Ő állított bennünket. Bármilyen

---

részéről pedig Durjódhana kérte Krisna segítségét ügyéhez. Elsőként Durjódhana érkezett meg Krisna palotájába, és nagy merészen le is telepedett annak a heverőnek a fejéhez, amelyen Krisna pihent alvást színlelve. Majd belépett Ardzsuna, és alázatosan, összekulcsolt kezekkel megállt Krisna lábánál. Így hát, amikor az avatár felnyitotta szemét, első pillantása Ardzsunára esett. Mindketten azt kérték Krisnától, hogy álljon melléjük a harcban. Krisna erre kijelentette, hogy az egyik hadviselő fél megkaphatja erős hadseregét, a másik mellé viszont ő személyesen áll tanácsadóként – noha fegyvert nem fog a küzdelemben. Ardzsuna választhatott elsőként, s ő bölcsen, habozás nélkül magát Krisnát választotta; a mohó Durjódhana pedig örvendezhetett, hogy megkaparintotta a hadsereget.

A csata előtt Krisna közvetítőként fellépve megpróbálta békés úton elrendezni a vitát, s Dvárkából elutazott a Kuruk fővárosába, Hasztinapurába, hogy meggyőzze Dhritarástrát, Durjódhanát és a többi Kurut, adják vissza a Pándaváknak jogos királyságukat. Ám még ő sem volt képes rábírni a hatalom tébolyától fűtött Durjódhanát és követőit, hogy elfogadjanak egy igazságos békehatározatot, így hát hadat üzentek, és Kuruksetrát jelölték ki csatamezőnek. A Bhagavad-gíta első verse e csata előestéjén kezdődik, amely végül a Pánduknak hozott diadalt. Az öt fivér a továbbiakban nemeslelkűen irányította királyságát a legidősebb, Judhisthira uralma alatt, amíg csak életük vége felé el nem vonultak a Himalájába, hogy ott lépjenek át a mennyek birodalmába.

legyen is a környezetünk, abba az elmébe, amelyben az Istennel való egység uralkodik, szükségképpen be kell köszöntenie a Mennyországnak.

Ha az ember folyton csak a pénzt hajszolja, ha elvakultan vagy a kötődések béklyójában veti bele magát a megfeszített munkába, csak nyomorúságot idéz magára. Azonban az anyagi dolgok pusztán külsődleges megtagadása – amennyiben bensőnkben továbbra is kötődést táplálunk irántuk – csak álszentséghez és önáltatáshoz vezet. Ha el akarjuk kerülni a két szélsőség – a világ megtagadása, illetve az anyagi örömökben dagonyázás – csapdáit, szüntelen meditációval arra kell nevelnünk elménket, hogy képesek legyünk elvégezni mindennapi életünk szükséges és kötelességszerű cselekvéseit, mégis fenn tudjuk tartani bensőnkben Isten tudatát. Ezt a példát állítja elénk Krisna élete.

Srí Krisnának a Bhagavad-gítában közölt üzenete a tökéletes válasz modern korunk és egyben bármely korszak számára: a kötelességtudó cselekvés, a kötődésmentesség és az Istenre eszmélésért végzett meditáció jógája. Isten benső békessége nélkül munkálkodni maga a Pokol; ha ellenben az ember mindenkor a lelkében felbuzgó, isteni örömmel végzi munkáját, egy hordozható mennyországot visz magával, bármerre jár is.

A Srí Krisna által a Bhagavad-gítában javasolt ösvény jelenti az arany középutat mind az elfoglalt világi ember, mind pedig a legmagasabb rendű spirituális törekvésekkel rendelkező számára. Ha követik a Bhagavad-gíta által kijelölt utat, eljutnak az üdvösségig, hiszen az egyetemes Önmagunkra eszmélés könyve ez, amely megismerteti az embert valódi Énjével, a lélekkel – megvilágítván számára, miként fejlődött ki a Szellemből, hogyan teljesítheti be e földön a rá kiszabott kötelezettségeket, és hogyan térhet vissza végül Istenhez. A Bhagavad-gíta bölcsessége nem száraz entellektüelekhez szól, hogy szellemi tornagyakorlatokat végezzenek mondásaival dogmatikus gondolkodású egyének szórakoztatására, hanem a világban élő férfiaknak és nőknek mutatja meg – legyenek bár családfenntartók vagy önmegtagadók –, miként élhetnek a jóga lépésről lépésre haladó módszerének követésével olyan kiegyensúlyozott életet, amely magában foglalja az Istennel való tényleges kapcsolatot.

A mindennapi élet spirituális harca

Istentől érkeztünk, és végső rendeltetésünk visszatérni Őhozzá. A cél és a hozzá vezető eszköz a jóga, az isteni egyesülés időtlen tudománya.

❖ ❖ ❖

A Bhagavad-gíta nyitó fejezete bevezetést nyújt az utána következő, szent párbeszédbe. Azonban nem puszta díszletként és háttérként szolgál, amit – lényegtelen lévén – elég az embernek felületesen átfutnia. Ha szerzője, a nagy bölcs Vjásza szándékának megfelelően allegóriaként olvassuk, az első fejezet megismertet bennünket a jóga tudományának alapvető elveivel, és leírja ama jógi kezdeti spirituális küzdelmeit, aki megindul a *kaivalja*, a felszabadulás, az Istennel alkotott egység felé vezető ösvényen, amely a jóga célja. Ha megértjük az első fejezetben rejlő igazságokat, világos térképet kapunk kezünkbe a jóga útjához.

Az önvizsgálat erejének latba vetése egy diadalmas életért

Dhritarástra mondá:

„Ó, Szandzsaja, mit műveltek utódaim és Pándu fiai, amikor harcra szomjazván összegyűltek Kuruksetra szent síkján (dharmaksetra kuruksetra)?"

A világtalan Dhritarástra király (az elvakult elme) az őszinte Szandzsajától (az elfogulatlan önvizsgálat) tudakozódott: „Amikor utódaim, a Kuruk (a gonosz, ösztönös, érzéki és elmebeli hajlamok) és az erényes Pándu fiai (a színtiszta ítélőerő hajlamai) összegyülekeztek a kuruksetrai *dharmaksetrán* (szent síkon) (a tevékenység testi mezején), sóvárogván a felsőbbségért vívott csatára, mi lett a harc kimenetele?"

❖ ❖ ❖

A Szandzsaja név szó szerinti jelentése *elsöprően diadalmas*; „aki legyőzte saját magát". Egyedül abban van meg a tiszta és elfogulatlan látás képessége, aki nem önközpontú. Ekként a Bhagavad-gítában Szandzsaja maga az isteni éleslátás; az áhítatosan törekvő hívő számára ő jelképezi a pártatlan, intuitív önelemzés, a józan önvizsgálat erejét – a képességet, hogy az ember előítéletek nélkül, mintegy kívülről figyelje meg önmagát, és helytállóan ítéljen. Gondolatok anélkül is jelen lehetnek elménkben, hogy tudatosulnának bennünk. Az önvizsgálat az intuíciónak az az ereje, amelynek révén a tudat képes figyelni a gondolatait. Ez az erő nem okoskodik, csupán érez – éspedig nem részrehajló érzelemmel, hanem világos és nyugodt intuícióval.

A *Mahábháratá*ban – amelynek a Bhagavad-gíta egy része – a Gíta szövegének bevezetéseként a nagy *risi* (bölcs) Vjásza felruházza Szandzsaját a spirituális képességgel, hogy nagy távolságból is mindent lásson, ami az egész csatamezőn bárhol történik, s ekként beszámolhasson a vak Dhritarástra királynak az események alakulásáról. Következésképpen az ember azt várná, hogy a király az első versben jelen időben tudakozódik Szandzsajától. Azonban a szerző, Vjásza szándékoltan meséltette el Szandzsajával a Bhagavad-gíta párbeszédét visszatekintésként, és használta az ige múlt idejű alakját („Mit művel*tek*?"), nyilvánvaló célzásként az éleslátó növendékek számára, hogy a Bhagavad-gíta csak mellékesen utal az észak-indiai Kuruksetra síkján megvívott történelmi ütközetre. Hiszen Vjásza elsődlegesen egy egyetemes harcot ír le – azt, amelyik nap mint nap ott tombol az ember életében.

❖ ❖ ❖

A vak Dhritarástra király komolyan feltett kérdése, amely révén pártatlan beszámolót szeretne kapni az elfogulatlan Szandzsajától a Kuruk és Pándavák (Pándu fiai) között Kuruksetránál lezajlott csata menetéről, képletesen ugyanaz a kérdés, amelyet a spirituális törekvéseket tápláló személynek fel kell tennie, amikor naponta áttekinti saját igazságos csatájának eseményeit, amelytől az Önmagára eszmélés diadalát várja. Őszinte önvizsgálat révén kielemzi a bensőjében szembenálló jó és rossz hajlamok seregeinek tetteit, és felméri erőiket: az önuralom néz itt szembe az érzékeknek való behódolással, a józan ítéletű értelem áll ki az elme érzéki hajlamaival, a meditációban edzett spirituális eltökéltség mérkőzik a szellemi ellenállással és testi nyughatatlansággal, s az isteni lélek-tudat feszül a tudatlanság és az alacsonyrendű ego-természet delejes vonzása ellen.

Az ember testének és elméjének spirituális csatamezeje

E viszálykodó erők csatamezeje Kuruksetra (a *kuru* a szanszkrit *kri*, azaz „munka, anyagi cselekvés" szótőből származik; a *ksetra* pedig „mezőt" jelent). A „tettek e mezeje" az emberi test a maga fizikai, elmebeli és lelki képességeivel, az a mező, amelyen az ember életének valamennyi tevékenysége lezajlik. A Bhagavad-gíta ugyanezen strófájában Dharmaksetraként (*dharma*, úgymint „igazságosság, erény, szentség"; ekként a kifejezés jelentése „szent sík vagy mező") említik, hiszen e mezőn vívja meg igazságos harcát a lélek józan ítéletű értelme (Pándu fiai) a világtalan elme alantas és fékevesztett tevékenységeivel (a Kurukkal, vagyis a vak Dhritarástra király sarjaival).

A Dharmaksetra Kuruksetra utal továbbá a vallásos és spirituális kötelességekre és tevékenységekre (amelyeket a jóginak kell végeznie meditációjában), illetve a velük szembenálló világi kötelezettségekre és foglalatosságokra. Ekként e mélyebb metafizikai értelmezésében a Dharmaksetra Kuruksetra azt a belső testi mezőt jelöli, amelyen a jóga-meditáció spirituális cselekvését az Önmagunkra eszmélés elérése érdekében végezzük: az agy-gerincvelői tengelyt, illetve az élet és az isteni tudat rajta elhelyezkedő hét kifinomult központjának síkját. [Lásd „A csakrák az agy-gerincvelői tengelyen" című, keretes szöveget a 20. oldalon.]

Anyagi tudat kontra spirituális tudat

E mezőn két szembenálló erő avagy mágneses pólus vetélkedik egymással: a józan ítéletű értelem (*buddhi*) és az érzék-tudatos elme (*manasz*).

A *buddhi*t, a színtiszta józan értelmet allegorikusan Pándu, Kuntí (Ardzsuna és a többi Pándava herceg anyja, akik a *nivritti*, a világiasság megtagadásának erényes elveiért szállnak síkra) férje képviseli. A Pándu név maga a *pánd*, azaz „fehér" szóból származik, s képletesen a színtiszta, józan értelem tisztaságára utal.

A *manasz*t allegorikusan a vak Dhritarástra király, a száz Kuru, avagy érzéki benyomás és hajlandóság nemzőatyja jelképezi, amelyek egytől egyig a *pravritti*, a világi élvezetek felé húznak.

A *buddhi* a lélek ama felettes tudatából meríti helyes ítélőképességét, amely a tudat kauzális székhelyein, a spirituális agy-gerincvelői központokban nyilvánul meg. A *manasz*, az érzéki elme, a finom mágneses pólus, amely kifelé, az anyagi világ felé fordul, a nyúltagyi hídban található, amely élettani szerepénél fogva szakadatlanul végzi az érzékek összehangolását.*

Ekként a *buddhi*-értelem az igazság vagy az örök valóság, a lélek-tudatosság vagy az Önmagára eszmélés felé vonzza az emberi tudatot. A *manasz*, avagy az érzéki elme ellenben eltaszítja a tudatot az igazságtól, és inkább a test külső érzékleti tevékenységeibe vonja be, vagyis a viszonylagosság káprázatának, a *májának* a világába meríti el.

A Dhritarástra név a *dhṛta*, azaz „fenntartott, alátámasztott, feszesre húzott (gyeplő)" és a *raṣṭra*, vagyis „királyság" (az „uralkodni" jelentésű *rádzs* igéből) szavakból származtatható, s hallgatólagosan benne foglaltatik a *dhṛtam raṣṭraṁ yena*, vagyis „aki fenntartja a királyságot (az érzékekét)", illetve „aki (az érzékek) gyeplőjét feszesre húzva uralkodik" jelentés.

Az elme (a *manasz* avagy érzék-tudat) végzi az érzékek irányítását, ahogyan a gyeplő fogja össze az egy kocsi elé fogott lovakat. A test a kocsi; a lélek a kocsi birtokosa; az értelem a fogathajtó; az érzékek pedig a lovak. Az elmét azért mondják világtalannak, mert az érzékszervek és az értelem segítsége nélkül nem láthat. Egy kocsi esetében a gyeplő fogja fel és közvetíti a paripák rántásait és a fogathajtó jelzéseit. Hasonlóképpen a vak elme önmagától sem megismerni, sem útmutatást adni nem képes, pusztán felfogja az érzékek benyomásait, és közvetíti az értelem következtetéseit és utasításait.

Ha az értelmet a *buddhi*, a színtiszta ítélőerő kormányozza, akkor az érzékek meg vannak zabolázva, ha azonban az értelem felett az anyagi vágyak uralkodnak, akkor az érzékek megvadulnak és fékezhetetlenné válnak… rossz utakra tévednek, és önpusztító szokásokba bonyolódnak.

❖ ❖ ❖

Az Önmagára eszmélés felé haladó, áhítatos hívőnek egészséges testtel és az önuralom által jól idomított érzékekkel kell rendelkeznie, valamint erős szellemi gyeplővel a test és az érzékek féken tartására, és éles ítélőképességű

---

* A nyúltagyi híd az agytörzs része – a nyúltagy felett és a nagyagy két féltekéje alatt, középen helyezkedik el, összekapcsolva a nagyagyat, a kisagyat és a nyúltagyat. Jóllehet kisméretű (2,5×2,5×3,75 cm), a nyúltagyi híd tartalmazza a felszálló érzékelő és a leszálló mozgató idegpályákat, amelyek az agyat a test többi részével összekapcsolják. Ezek az idegpályák az idegsejtek sűrű szövedékén, a hálózatos állományon húzódnak keresztül, amelynek feladata aktiválni az agy többi részének működését, valamint szabályozni az alvás és ébrenlét huszonnégy órás ciklusát. A nyúltagyi híd része egy sajátos struktúra, a *locus coeruleus* („kék terület") – e kicsiny, ám sűrű sejthalmaz norepinefrint, vagyis olyan kémiai vegyületet tartalmaz, amelyik ösztönzi és felkészíti a cselekvésre a testet, mozgósítva erőforrásait. E struktúra szerepet játszik továbbá az általános izgalmi állapot, az álmodás, az alvás és a hangulat szabályozásában.

értelemmel az irányításukra. Ekkor a test-kocsi képes végighaladni a helyes cselekvés szűk és keskeny útján végcéljáig…

A sebezhető testben élő, világi ember, aki gyatra ítélőképességgel és gyenge szellemi képességekkel rendelkezik, s aki ennélfogva hagyja, hogy erőteljes késztetései tetszés szerint, zabolátlanul rángassák ide-oda az élet rögös útján, biztosan a megrendült egészség és az anyagi kudarcok szerencsétlen végzetével fog szembesülni…

Az áhítatos hívő tudatában van annak, hogy életében a legfontosabb feladata elérni az Önmagára eszmélés célkitűzését: a meditáció révén megismerni valódi lélek-természetét, és az örökkön üdvözült Szellemmel alkotott egységét. S hogy útján ne tartóztassa fel a testi, elmebeli és spirituális szenvedés kátyúiban való botladozás, egyben megtanulja kifejleszteni magában a józan ítéletű értelmet, a tiszta észlelés harmonikus szellemi képességeit, az érzékek feletti önuralmat, valamint a kicsattanó testi egészséget és életerőt – hogy mindezeket a lélek szolgálatába állíthassa.

Oldal választása a jó és gonosz harcában

Az embernek minden egyes megtestesülésében megszámlálhatatlan csatát kell megvívnia a fogantatás pillanatától egészen az utolsó leheletéig, legyenek bár ezek biológiai, örökletes, bakteriológiai, élettani, éghajlati, társadalmi, etikai, politikai, szociológiai, lélektani vagy metafizikai jellegűek, a benső és külső konfliktusok temérdek változatával kell megbirkóznia. S valamennyi viadalban a jó és a gonosz erői küzdenek egymással a diadalért.* A Bhagavad-gíta rendeltetése mindössze annyi, hogy a *dharma*, vagyis az igazságosság oldalán sorakoztassa fel az ember erőfeszítéseit. A végső cél az Önmagunkra eszmélés, az ember valódi Énjének, az Isten képére alkotott léleknek a felismerése, amely egy a Szellem örökké létező, örökkön tudatos és szüntelenül megújuló üdvös boldogságával.

A lélek első viadalát minden megtestesülésekor a többi újjászületni igyekvő lélekkel vívja. Amikor a hímivarsejt és a petesejt egyesülésével megindul egy új emberi test kialakulása, fény villan fel az asztrálvilágban, a megtestesülések között leledző lelkek mennyei honában. Ez a fény egy mintázatot közvetít, amely magához von egy lelket az illető karmájának, vagyis azon befolyásoló

---

* „Jó" mindaz, ami az igazságot és erényt fejezi ki, s a tudatot Isten felé vonzza; „gonosz" pedig a tudatlanság és a káprázat, ami eltaszítja a tudatot Istentől.

erőknek megfelelően, amelyeket a lélek a múltbéli életeinek cselekedeteivel saját maga támasztott. A karma minden egyes megtestesülés alkalmával részint az átöröklésben juttatja magát kifejezésre; a gyermek lelke olyan családba vonzódik, amelynek átöröklési tényezői összhangban állnak a gyermek múltból hozott karmájával. Számos lélek verseng egymással, hogy beléphessen az élet eme új sejtjébe, s közülük csak egy diadalmaskodhat. (Ikerfogantatás esetében egynél több eredeti sejt van jelen.)

Az anya testében fejlődő magzat küzd a betegségekkel, a sötétséggel, a behatároltság és frusztráció érzéseivel, amelyek ismételten rátörnek, ahogy a megszületendő gyermek lélektudata visszaemlékszik asztrális tartózkodása idején élvezett nagyobb megnyilvánulása szabadságára, majd ezek az emlékképek fokozatosan elhalványulnak. Az embrióban lakozó léleknek ezenközben a karmával is meg kell vívnia, ami egyaránt befolyásolhatja pozitív vagy negatív

---

Az agy-gerincvelői tengely csakrái

A jóga-tanok a következőként határozzák meg e hét központot (lentről felfelé haladva): 1) *múladhára* (a farkcsonti, a gerinc tövénél); 2) *szvádhisthána* (a keresztcsonti, mintegy öt centiméterrel a *múladhára* felett); 3) *manipúra* (a deréki, a köldökkel átellenben); 4) *anáhata* (a háti, a szív mögött); 5) *visuddha* (nyaki, a nyaktőnél); 6) *ádzsnyá* (a spirituális szem székhelye, amelyet hagyományosan a szemöldökök közé helyeznek; valójában a polaritás révén közvetlen összeköttetésben áll a nyúltaggyal); 7) *szahaszrára* ("ezerszirmú lótuszvirág" a nagyagy tetején).

E hét központ megannyi isteni tervezésű kijárat vagy "csapóajtó", amelyeken át a lélek aláereszkedett a testbe, és amelyeken keresztül a meditáció módszere révén újra fel kell emelkednie.

vvv

Az életerő agyunkból lefelé tartó áramlata magával sodorja az elmét az érzékek területére, és arra készteti, hogy a fizikai testtel és az anyag mélybe rántó birodalmával azonosuljon. Egy *Krijá-jógá*hoz hasonló technika révén az életerő áramlása megfordítható, hogy felfelé, a spirituális észlelés agyi központjai felé folyjon, magával ragadván az elmét a lélekhez és a Szellemhez…

Amikor a jógi visszavonja életerejét az anyagi tárgyaktól, az érzékszervektől és az érzékelő-mozgató idegektől, s eme élet-koncentrátumot felfelé irányítja a *kundalíni* (összetekeredett energia) spirál alakú átjáróján keresztül, amely a far-

irányban annak a testnek a fejlődését, amely otthont ad neki. Ráadásul a külvilágból érkező rezgési hatásokkal – a környezet és az édesanya cselekedeteinek befolyásával; a külső hangokkal és érzetekkel; a szeretet és gyűlölet, békesség és harag rezgéseivel – is szembesülnie kell.

Világra jötte után a csecsemő küzdelmei a kényelemre és a túlélésre törekvő ösztönök, illetve éretlen szervezetének viszonylagos tehetetlensége között játszódnak le, amely életösztöne útjába akadályt gördít.

A gyermek akkor bocsátkozik bele első tudatos küzdelmébe, amikor választania kell a céltalan játszadozás vágya és ama késztetés között, hogy tanuljon, pallérozódjon, s elkötelezze magát a módszeres képzés valamely iránya mellett. Fokozatosan mind súlyosabb csatákat kell megvívnia, amelyeket vagy belső, karmikus késztetései, vagy külvilágbeli környezete és rosszul megválasztott társasága kényszerítenek rá.

---

kcsontban rejlik, emelkedése közben érzékeli a különböző gerincközpontokat sziromszerű fénysugaraikkal és életerőhangjaikkal. Amikor a jógi tudata eléri a nyúltagyat és a spirituális szemet a szemöldökök közötti pontban, akkor megleli a bejáratot az „ezer" (vagyis megszámlálhatatlan) fénysugár csillag-lótuszvirágába. Észleli, ahogyan Isten mindenütt jelenlévő fényessége elárad az örökkévalóság szférája felett, és saját testét is érzékeli eme fény egy kisugárzás-parányaként.

❖ ❖ ❖

Az asztrális agy-gerincvelői fonatok természetes állapotukban spirituális jellegűek, s az isteni értelem különböző aspektusait, és a lélek szupertudatosságának rezgési erejét tükrözik. Ám amikor e központok energiája az érzékek befolyása alatt kifelé vonzódik, és meggyengül összeköttetésük a lélek színtiszta ítélőképességével, megnyilvánulásuk bizonyos mértékben eltorzul. A kifelé irányított agyi központok intellektusként, józan észként és bomlasztó nyughatatlanságként nyilvánulnak meg (az intuíció mindentudó bölcsessége és Szellemet tükröző nyugalma helyett). A kifelé irányított szívközpont az érzékekkel azonosulva az emocionális rokon- és ellenszenvek, vonzódások és viszolygások tettre sarkalló ösztönzéseiként nyilvánul meg (a színtiszta és előítéletmentes érzés és az életerő feletti uralom helyett). A három alsóbb központ kifelé irányítva pedig az érzékek mohóságát táplálja (az e csakrákban rejlő isteni lehetőségek kinyilvánítása, úgymint az önuralom, az erényes elvekhez való ragaszkodás és a káros befolyásoknak való ellenszegülés helyett).

Az ifjú váratlanul azon veszi észre magát, hogy egész sereg olyan problémával kell szembenéznie, amelyekre gyakran vajmi kevéssé van felkészülve: ilyenek a nemiség, a kapzsiság, az igazság megmásításának kísértései, a könnyű, ám kétes pénzszerzés csábítása, a társaságához tartozók nyomása és a társadalmi befolyások. Az ifjú rendszerint kénytelen rádöbbenni, hogy nincs a kezében a bölcsesség ama pallosa, amellyel a világi élmények hódító seregeivel felvehetné a küzdelmet.

A felnőtt, aki elmulasztja életében a veleszületett bölcsesség és spirituális ítélőképesség erőinek kifejlesztését és latba vetését, elkerülhetetlenül azon kapja magát, hogy testének és elméjének birodalmát elözönlik a nyomorúságba döntő, helytelen vágyak, a romboló szokások, a kudarcok, a tudatlanság, a betegség és a boldogtalanság zendülői.

Kevesen ébrednek egyáltalán tudatára a ténynek, hogy birodalmukban állandó háború dúl. Az emberek rendszerint csak akkor ismerik fel tehetetlenül, hogy életük mily siralmasan romba dőlt, amikor a pusztítás már majdnem teljes. Minden áldott nap újra kell kezdeni az egészségért, boldogulásért, önuralomért és bölcsességért folytatott lélektani hadviselést, hogy töretlenül haladjunk előre a győzelem felé, lépésről lépésre követelvén vissza a léleknek a tudatlanság zendülői által elfoglalt területeit.

A jógi, a feleszmélő ember nem csupán a külvilág mindenki más által megvívandó csatáival szembesül, de a bensőjében zajló összecsapást is végig kell kísérnie, amelyet a nyughatatlanság negatív erői (ezek a *manasz*ból, avagy érzék-tudatból támadnak), illetve a meditációra irányuló vágyának és erőfeszítésének pozitív hatalma (amelyet a *buddhi*-értelem támogat) vívnak egymással, miközben ő megpróbálja visszanyerni uralmát a lélek benső spirituális királyságában: az életnek és az isteni tudatnak a gerincoszlopban és az agyban található kifinomult központjaiban.

A Gíta következésképpen már a legelső strófájában rámutat annak elsőrendű szükségességére, hogy az ember esténként önvizsgálatot tartson, s így világosan megítélhesse, melyik erő – a jó vagy a rossz – nyerte az aznapi csatát. Ha összhangban akar élni Isten tervével, az embernek minden éjjel fel kell tennie magának az örökké helyénvaló kérdést: „Összegyűlvén a testnek szent tájékán – a jó és gonosz cselekedetek mezején –, mit műveltek szembenálló hajlamaim? Melyik fél győzött a mai napon a szakadatlan küzdelemben? Ugyan, mondd meg nekem, mire mentek egymással a csalárd, kísértő, gonosz hajlamok és az önfegyelem és ítélőképesség velük szembenálló erői?"

A jógi pedig az összpontosított meditáció minden gyakorlata után így faggatja önvizsgálata belső ítészét: „Miután felsorakoztak a tudat terén az agy-gerincvelői tengelyen, és a test érzékelési tevékenységének mezején, szomjúhozván a harcra, mit műveltek az elme érzékelőképességei, amelyek megpróbálják a külvilág felé irányítani a tudatot, és a lélek ítéletalkotó hajlamának gyermekei, akik igyekeznek visszaszerezni benső királyságukat – kié lett a diadal a mai napon?"

A közönséges egyén, miként egy sok csatát látott, sebhelyektől marcona harcos, nagyon is jártas a hadviselésben. Ám kiképzésének rendszertelensége miatt gyakran nem látja át a csatateret, és a szembenálló erők támadásai mögött rejlő haditervet. Holott e tudás révén többször arathatna diadalt, és ritkábbak volnának életében a zavarba ejtő vereségek.

Lélek kontra ego

A kuruksetrai csata okának történelmi elbeszélése szerint Pándu nemes fiai erényesen uralkodtak királyságuk felett, míg csak Durjódhana, a vak Dhritarástra király gonosz, uralkodó fia agyafúrtan el nem orozta a Pándaváktól királyságukat, és száműzetésbe nem küldte őket.*

A test és az elme királysága jelképes értelemben Lélek király és nemes alattvalói, az erényes hajlamok jogos birtoka. Azonban Ego király és atyafiai, a gonosz és alantas hajlamok ravaszul elbitorolják a trónt. Amikor pedig Lélek király felkel, hogy visszaszerezze birodalmát, a csata színhelye a test és az elme lesz.†

A Bhagavad-gíta lényegében arról szól, miként uralkodik Lélek király testi birodalma felett, s hogyan veszíti el, majd nyeri vissza végül birtokát.

❖ ❖ ❖

Az emberi test és elme szervezettsége a maga aprólékos tökéletességével egy isteni terv jelenlétéről árulkodik. „Nem tudjátok-é, hogy ti Isten temploma

---

* A vak Dhritarástra királynak száz fia volt… A legidősebb, Durjódhana jelképezi az Anyagi Vágyat – ő az elsőszülött, aki hatalmat gyakorol a test királyságának összes többi érzéki hajlama felett. Olyasvalaki ő, aki messze földön hírhedt igazságtalan háborúk kirobbantójaként és gonosz ügyek pártfogójaként. A Durjódhana kifejezésből a *duḥ-yudhaṁ yaḥ-saḥ* szókép származtatható, amelynek jelentése „akivel nehéz bármiképpen szembeszállni". A király neve konkrétan a szanszkrit *dur,* vagyis „nehéz" és *judh,* azaz „harcolni" szavakból ered. Az anyagi vágy rendkívül hatalmas, hiszen ez a királya és elöljárója minden földi gyönyörűségnek, s egyben a léleknek a test királyságára támasztott jogos igénye ellen vívott küzdelem oka és kirobbantója.

† Itt a Lélek király és Ego király tágabb jelentésükben értendők, nem szükségképpen utalnak sajátos használatukra a Bhagavad-gíta allegóriájában, ahol is Krisna a lélek és Bhísma az ego.

vagytok, és az Isten lelke lakozik bennetek?"* A lélek nem más, mint Isten Szelleme, az Ő tükröződése az emberben.

A lélek a mindenható élet és tudat ama szikrájaként lép be az anyagi világba, amely a hímivarsejt és a petesejt egyesülésével kialakult sejt magjában benne rejlik. A test fejlődésével az élet eme eredeti „székhelye" a nyúltagyban marad fenn. Következésképpen a nyúltagyra az élet kapubejárójaként szoktak utalni, amelyen keresztül Lélek király diadalmasan bevonul a test királyságába…

A lélek teremtő képességei vagy eszközei asztrális és kauzális jellegűek… Az élet és tudat központjai, amelyekből merítve e képességek működhetnek, az asztrális agy (avagy a fény „ezerszirmú lótuszvirága") és az asztrális agyi-gerincvelői tengely (avagy *szusumná*), amely hat finomenergia-központot vagy *csakrát* tartalmaz.[†]

❖ ❖ ❖

Az elme nyersebb erői a test durvább struktúráiban nyilvánulnak meg, azonban a lélek kifinomult erőinek – a tudatnak, az értelemnek, az akaratnak, az érzésnek – a nyúltagyra és az agy érzékeny szöveteire van szükségük, hogy bennük lakozzanak, és rajtuk keresztül nyilvánuljanak meg.

Egész egyszerűen fogalmazva Lélek király palotájának belső kamrái a felettes tudat(szupertudatosság), a Krisztus- vagy Krisna-tudat (*Kutasztha Csaitanja*, vagyis Egyetemes Tudat), illetve a Kozmikus Tudat finom energiaközpontjaiban rejlenek. Ezek a központok sorrendben a nyúltagyban, az agy elülső részében, a szemöldökök között (ami az egyetlen vagy spirituális szem székhelye) és a nagyagy tetején (a lélek trónján, az „ezerszirmú lótuszvirágban") találhatók. Lélek király ezekben a tudatállapotokban korlátlanul uralkodik – Isten színtiszta képmásaként az emberben.

Amikor azonban a lélek aláereszkedik a test-tudatba, a *májá* (kozmikus káprázat) és az *avidjá* (az egyéni káprázat vagy tudatlanság, amely az ego-tudatot létrehozza) befolyása alá kerül… Ilyenkor a lélek – akárcsak az ego – magának tulajdonítja a test valamennyi korlátját és határvonalát. Mihelyt pedig

---

* 1Kor 3:16

† Az ember életében a lélek három testbe zárva létezik: ezek a fizikai test, a fényből és életenergiából álló asztráltest, illetve a tudat kauzális teste (azért nevezik így, mivel ez az oka a másik kettő létezésének). Az asztráltest finom erői építik fel, tartják fenn és éltetik a durva fizikai formát; ezek az erők nevezetesen a következők: értelem (*buddhi*); ego (*ahamkára*); érzés (*csitta*); elme (*manasz*, érzék-tudat); a megismerés öt eszköze; a cselekvés öt eszköze, és a *prána* öt eszköze.

ekként azonosította önmagát, többé nem képes kinyilvánítani mindenütt jelenvalóságát, mindentudását és mindenhatóságát. Azt képzeli magáról, hogy korlátok közé van szorítva – ahogyan egy dúsgazdag herceg koldusnak képzelhetné magát, miközben amnéziás állapotban a nyomornegyedben bolyong. A káprázat eme állapotában Ego király átveszi az uralmat a test királysága felett.

A lélek-tudat bátran mondhatja a Jézusban felébredett Krisztus szavaival: „Én és az Atya egy vagyunk." A káprázat hatása alatt álló ego-tudat ellenben így beszél: „Én vagyok a test; ez az én családom és nevem; ezek az én birtokjavaim." Noha az ego azt hiszi, hogy ő uralkodik, valójában csupán a test és az elme foglya, amelyek viszont a Kozmikus Természet kifinomult mesterkedéseinek játékszerei… Az átlagos emberi lény kizárólag testének, elméjének és a külvilághoz fűződő kapcsolatainak van tudatában. Folyamatosan hipnotizálják a világ káprázatai (ezeket az ősi és kortárs irodalom számos különböző formában ábrázolja), amelyek csak tovább erősítik hallgatólagos feltevését, hogy ő véges és behatárolt teremtmény.

❖ ❖ ❖

A test királyságának fizikai tájai Ego király uralma alatt gyakran parlagon maradnak, s megsínylik a nyavalyákat és az idő előtti öregedést, amelyek járványszerűen söpörnek végig a birodalmon… A gondolatok, az akarat és az érzések polgársága negatívvá, korlátolttá, elcsigázottá és boldogtalanná lesz; a sejtek intelligens munkásai, illetve az élet atomi és szubatomi egységei szervezetlenné válnak, elveszítik hatékonyságukat, és elgyengülnek… Minden olyan törvényt lábbal tipornak, amely a szellemi és sejtszintű polgárok jólétét biztosítaná az ember királyságában. A birodalom sötétségbe borul, s ezerféle félelem, bizonytalanság és nyomorúság gyötri, kioltva az öröm minden röpke pillanatát.

❖ ❖ ❖

Lélek király uralma alatt a test királyságában… a gondolatok, az akarat és az érzések polgársága bölcs, alkotó szellemű, békés és boldog. A sejtek, molekulák, atomok, elektronok intelligens és tudatos munkásainak tömegei, s az élet szikráinak teremtő egységei (életronok, *prána*) elevenek, harmonikusak és hatékonyak… A gondolatok, az akarat, az érzések, s test-királyság intelligens sejt-lakosainak egészségére, szellemi hatékonyságára és spirituális okítására vonatkozó összes törvényt pontosan betartják a bölcsesség legfőbb vezérlete alatt. Ennek eredményeképpen boldogság, egészség, jólét, békesség, józan ítélkezés,

hatékonyság és intuitív irányítás jellemzi a test királyságát – a fény és üdvözült-
ség e makulátlan birodalmát!

❖ ❖ ❖

Az emberi test és elme valóságos csataterei a bölcsesség, valamint a káprá-
zat *avidja*ként, vagyis tudatlanságként megnyilvánuló tudatos ereje között zajló
háborúnak. Aki spirituális törekvéseket táplál, igyekezvén megalapozni magá-
ban Lélek király uralmát, annak muszáj legyőznie a zendülőket, Ego királyt és
nagyhatalmú szövetségeseit.

3. FEJEZET

Jóga: a győzelem módszere

A gyakorló metafizikus arra irányuló kísérletei során, hogy megszabadít-
sa lelkét az anyag béklyójából, elsajátítja a győzelem pontos módszereit.
Az ember lelke az isteni törvénnyel összhangban álló, következetesen he-
lyes gondolatok és cselekedetek révén lassan emelkedik fel a természetes fej-
lődés útján. A jógi azonban e fejlődési folyamat megsürgetésének, felgyorsítá-
sának módszerét választja: a tudományos meditációt, amelynek révén a tudat
áramlása visszájára fordul az anyagtól a Szellem irányába az élet és isteni tudat
ugyanazon agy-gerincvelői központjain keresztül, amelyek a lélek testbe törté-
nő alászállásának csatornájaként szolgáltak.

❖ ❖ ❖

Az egyes központok energetikai jelenségeinek hátterében a lélek isteni
tudatának megnyilvánulása rejlik... A lélek-tudat a Szellemmel [meditáció
közben] létesített minden egyes diadalmas kapcsolata révén megerősödik, és
szilárdabb uralomra tesz szert a testi királyságban.

❖ ❖ ❖

Már az újonc meditáló is egyhamar felfedezi, hogy képes meríteni a lélek
és a Szellem benső világának spirituális hatalmából és tudatából, hogy testi ki-
rályságába és különböző fizikai, elmebeli és spirituális tevékenységeibe bekö-
szöntsön a megvilágosodás. És minél nagyobb jártasságot szerez, annál erőtel-
jesebbé válik eme isteni befolyás.

A lélek erőinek működésbe hozása meditáció révén

A színtiszta ítélőerőket jelképesen Pándu öt isteni fiaként ábrázol-
ják... Az öt Pándava a Bhagavad-gíta hasonlatának központi hősalakja,
akik a tudat és energia (prána) hadseregeit vezérlik a gerincoszlop öt finom

energiaközpontjában. Ők képviselik azokat a tulajdonságokat és erőket, amelyekre az áhítatos hívő szert tehet, miután mély meditációban ráhangolódott az élet és az isteni tudat asztrális és kauzális központjaira.

Az öt Pándava jelentősége emelkedő sorrendben a következő:

Szahadéva: Tartózkodás, az a képesség, hogy távol maradjunk a gonosztól (*dama*, az ellenállás, állhatatosság tevőleges ereje, amely által a nyughatatlan külső érzékszervek felett ellenőrzést gyakorolhatunk); illetve a rezgési földelem a farkcsonti központban vagy *múladhára csakrá*ban.*

Nakula: Ragaszkodás, az a képesség, hogy mindenkor kövessük a helyes szabályokat (*szama*, a pozitív felfogóerő, a figyelem, amely révén az elmebeli hajlamok felett ellenőrzést gyakorolhatunk); illetve a rezgési víz-elem a keresztcsonti központban vagy *szvádhisthána csakrá*ban.

Ardzsuna: Az Önuralom; illetve a rezgési tűz-elem az deréktájii központban. E központ, a *manipúra csakra* biztosítja az elmebeli és testi kitartás tűzerejét, amellyel az ember felveheti a harcot az érzékek katonáinak szűnni nem akaró támadásai ellen. E csakra a jó szokások és cselekedetek megszilárdítója; neki köszönhetjük eredményes kiképzésünket. Egyenesen tartja testünket, megtisztítja a testet és az elmét, s lehetővé teszi számunkra a mély meditációt.

Még világosabban beláthatjuk, miért e központ jelképezi allegorikusan Ardzsunát, az egész Pándava-hadsereg legrátermettebb vezérét, ha szemügyre vesszük kettős funkcióját. E csakra a kulcsfontosságú fordulópont az áhítatos hívő életében a durva anyagelvűség és a finomabb, spirituális tulajdonságok között. A deréktájitól a keresztcsontin át a farkcsonti központig az élet és a tudat lefelé áramlik, és kifelé, az anyagelvű, érzékekhez kötött test-tudat felé irányul. A meditációban azonban, amikor a magasabb háti központ mágneses vonzása az áhítatos hívő közreműködésével felfelé vonja az életet és a tudatot, e tüzes deréktáji központ ereje elhatárolódik az anyagi érdekektől, és támogatja az áhítatos hívőnek a magasabb központok erőivel végzett spirituális munkáját…

Amikor Ardzsuna, az önuralom deréktáji központunkban lakozó képessége felszítja a meditáció, a spirituális türelem és eltökéltség tüzét, felfelé vonzza az életet és tudatot, amelyek mindaddig lefelé és kifelé áramlottak az deréktáji, keresztcsonti és farkcsonti központokon keresztül, és ezáltal biztosítja a

---

* Az egyes *csakrák*ban található rezgési elemek (*tattvák*) olyan finom erők, amelyek révén az anyag különböző formái megnyilvánulhatnak a Szellem teremtő Fényéből. Eme erők mibenlétét az *Isten szavai Ardzsunához* bővebben is taglalja. (*A Kiadó jegyzete*)

meditáló jóginak a szükséges elmebeli és testi kitartást, hogy tovább járja a mély meditáció Önmagára eszmélés felé vezető útját. E tűz és önuralom híján semmiféle spirituális előrehaladás nem lehetséges. Ily módon Ardzsuna szó szerinti értelemben egyben az önmagán uralkodó, türelmes és eltökélt hívőt is jelképezi, akinek bensőjében a kuruksetrai csata lezajlik. Ő az Úr, Bhagaván Krisna legfőbb követője és tanítványa, akinek Krisna a Bhagavad-gíta párbeszédében megmutatja az utat a győzelemhez.

A fennmaradó két Pándava a következő:

Bhíma: A Vitalitás, a lélek uralma alatt álló életerő (*prána*); illetve a rezgési teremtő levegő-elem (avagy *prána*) a háti központban vagy *anáhata csakrá*ban. E központ hatalma segíti az áhítatos hívőt a *pránajáma* helyes technikáinak gyakorlásában, hogy elcsitítsa légzését, ellenőrzése alá vonja elméjét, és megfékezze az érzékek támadásait. Képességet biztosít a belső és külső szervek megnyugtatására, és ily módon bármely szenvedély (amilyen a nemi vágy, a mohóság vagy a harag) térhódításának visszaszorítására, a betegségek és a kétely szertefoszlatására. Ez az isteni szeretet és a spirituális teremtőképesség központja. [Lásd a keretes szöveget a 46. oldalon.]

Judhisthira: Az Isteni Nyugalom; illetve a teremtő rezgési éter-elem a nyaki központban avagy *visuddha csakrá*ban. Judhisthirát, Pándu (a *buddhi,* azaz színtiszta értelem) öt leszármazottja közül a legidősebbet méltán ábrázolják az ítélőképesség valamennyi válfajának királyaként, hiszen a nyugalom az elsődlegesen szükséges tényező a helyes különbségtétel bármely megnyilvánulásához.

Bármilyen érzéki vagy érzelmi élmény, amely hullámot vet a tudat felszínén, eltorzítja észlelésünk tárgyát. A nyugalom azonban egyenlő a tiszta észleléssel, magával az intuícióval. Ahogyan a mindenütt jelenlévő éter a Természet benne kavargó, vad erőitől függetlenül változatlan marad, éppúgy a Judhisthira ítélőképesség kizökkenthetetlen nyugalma is torzítás nélkül láttat minden jelenséget.

E képesség révén tervezhetjük meg, hogy miként vessünk véget egy ellenséges szenvedély uralmának. Ez a figyelem ereje, a helyes tárgyra irányuló, tartós figyelemösszpontosításé, amely révén egyszerre szabályozhatjuk figyelmünk időtartamát és elmélyültségét.

Általa következtethetünk a helytelen cselekedetek hatásaira, és tehetjük lényünk szerves részévé a jóságot nyugalmunk révén.

Ez adja jó és rossz összehasonlításának képességét; és a józan észt, amely-nek köszönhetően erénynek tarthatjuk barátaink támogatását, és ellenségeink (példának okáért az érzéki hajlamok és szokások) kiirtását.

Ez maga az intuitív képzelőerő, amely révén képesek vagyunk elképzelni vagy lelki szemeink előtt látni valamely igazságot mindaddig, amíg valóra nem válik.

❖ ❖ ❖

A Pándavák fő tanácsadója és támogatója Maga az Úr, aki Krisna formájá-ban a Szellemet, a lelket vagy intuíciót jelképezi, amely egyaránt megnyilvánul a szupertudatosság különböző állapotaiban, a *Kutaszthaként* vagy Krisztus-tudat-ként, illetve a kozmikus tudatként a nyúltagyban, a Krisztus-középpontban és az ezerszirmú lótuszvirágban; valamint a guruként, aki tanítványát, az áhítatos hívő Ardzsunát okítja. Az áhítatos hívő bensőjében ekként az Úr Krisna a vezérlő Isteni Értelem, amely az érzéki tudat kusza útvesztőjében eltévelyedett, alsóbb rendű énhez szól. E Felsőbb Értelem a mester és tanító, míg az elme alacsonyabb rendű értelme a tanítvány; a Felsőbb Értelem tanácsokkal szolgál az alantasabb, megrontott énnek arra nézve, miként emelkedhet fel az örökkévaló igazságokkal összhangban, és az Isten által belé plántált kötelesség teljesítése révén.

A jóga gyakorlásának spirituális hatásai

Közkeletű téveszme, hogy a jóga gyakorlása csak a beavatott misztikusok számára lehetséges, s hogy e tudomány messze kívül esik a közönséges em-ber szemhatárán. Holott a jóga a teremtés egészének tudománya. Az ember, ahogyan a világmindenség valamennyi atomja, eme isteni tudomány műkö-désének külvilágban megnyilvánuló eredménye. A jóga voltaképpen egy sor fegyelmezett gyakorlat, amelyek végzése során Isten, a Legfőbb Ok közvetlen, személyes megtapasztalása révén tárul fel értelmünk előtt e tudomány a maga teljességében.

Az anyagtudós a matéria megfigyelhető hatásaiból indul ki, és visszafelé következtetve igyekszik eljutni az okig. A jóga ellenben magát az Okot írja le és azt fejtegeti, hogyan bontakozott ki eme Ok a külvilágban az anyagi jelen-ségekként, s egyben megmutatja, miként követhetjük végig *fordított irányban* e folyamatot, hogy megtapasztaljuk a világmindenség és az ember valódi Szel-lem-természetét…

India nagy bölcse, Patandzsali, akinek születési és halálozási dátumát illetően a tudósok csak találgatásokra hagyatkozhatnak, tisztában volt vele, hogy a Bhagavad-gíta az a „Mennyei Ének", amely révén az Úr egyesíteni kívánja az Ő tudatlan és tévelygő gyermekeinek lelkét a saját Szellemével. Ezt pedig tudományos módszerekkel, a test, az elme és a szellem törvényei által kell véghezvinni. Patandzsali nevezetes művében, a *Jóga-szútrák*ban pontos metafizikai fogalmakkal taglalta e spirituális tudomány mibenlétét…

A Bhagavad-gíta célja nyomban világossá válik, amikor látjuk, hogyan kapcsolódnak a 4–8. versben említett egyes harcosok a jóga gyakorlásához, amint azt Patandzsali a *Jóga-szútrák*ban leírja. Az összefüggést a különböző metafizikai harcosok képletes jelentőségében leljük fel, amelyre a nevükből – illetve egy-egy nevükben rejlő szanszkrit szótőből – vagy *a Mahábhárata* eposzában játszott szerepükből következtethetünk.

A 4., 5. és 6. versben Vágy király (Durjódhana) tájékoztatást ad nevelőjének, a Múlt Szokásának (Dróna) az agy-gerincvelői központokban lévő spirituális katonákról, akik csatarendben felsorakoztak. Ezek a metafizikai katonák, akik az öt Pándava ügyének támogatására gyűltek össze, valójában az áhítatos hívő jógagyakorlata által előidézett spirituális hatásokat testesítik meg. Ők sietnek a jógi segítségére – az öt Pándava vezérrel egyetemben –, hogy megküzdhessen az érzéki elme gonosz csatlósaival.

Durjódhana a következőkként azonosítja őket: Jujudhána, Viráta, Drupada, Dhristakétu, Csékítána, Kásí királya (Kásírádzsa), Purudzsit, Kuntibhódzsa, Saibja, Judhámanju, Uttamaudzsasz, Szubhadrá fia (Abhimánju) és Draupadí öt fia. Az ő képletes jelentőségüket a Patandzsali által rögzített kategorikus sorrendben fogjuk megvilágítani.

Patandzsali a *Jóga-szútrák* kezdetén „a tudat váltakozó hullámainak semlegesítéseként" (*csitta vritti niródha* – I:2) határozza meg magát a jógát. Ezt akár „az elme-anyag módosulásainak megszűntetéseként" is fordíthatnánk.

Ahogyan az *Egy jógi önéletrajzá*ban kifejtettem: „A *csitta* egy átfogó kifejezés a gondolkodás princípiumára, mely magában foglalja a *prána*-életerőket, a *manasz*t (elmét avagy érzék-tudatot), az *ahamkárá*t (önzést), valamint a *buddhi*t (intuitív intelligenciát). A *vritti* (szó szerint »örvény«) a gondolat és érzelem ama hullámaira utal, melyek szüntelenül feltámadnak és elülnek az ember tudatában. A *niródha* semlegesítést, megszűntetést, ellenőrzést jelent."

Patandzsali így folytatja: „Ezután a látó a tulajdon természetében avagy énjében lakozik." (I:3) Ez a valódi Énjére, avagy lelkére utal. Vagyis a látó eljut az Ön-megvalósításig, lelke egyesítéséig Istennel.

Patandzsali az I:20–21-es *szútrák*ban ekként magyaráz: „[A jóga eme céljának megvalósítását] megelőzi a *sraddhá* (áhítat), a *virja* (vitalitást adó szüzesség), *szmriti* (emlékezet), *szamádhi* (az Istennel való egyesülés megtapasztalása meditáció közben) és a *pradzsná* (ítéletalkotó intelligencia). E cél eléréséhez azok állnak legközelebb, akik birtokában vannak a *tívra-szamvégá*nak, vagyis az isteni buzgalomnak (a hő áhítatnak és Isten felé törekvésnek, és az érzékek világa iránti végső közömbösségnek)."

Ezekből a *szútrák*ból világosan kibontakozik az első hat metafizikai katona, akik készenlétben állnak, hogy a jógi segítségére siessenek az Önmagára eszmélésért vívott harcában:

1. Jujudhána – az Isteni Áhítat (*sraddhá*)

A szanszkrit *judh* azaz „harcolni" tőből származó Jujudhána nevének szó szerinti jelentése „aki a saját érdekében harcol". A névből a következő szóképet származtathatjuk: *Yudhaṁ caitanja-prakāśayitum eṣanaḥ abhilaṣamāna iti* – „akiben heves vágy ég, hogy megküzdjön spirituális tudata kinyilvánításáért". Ez a szeretet vonzási elvét jelképezi, amelynek „kötelessége" visszatéríteni a teremtett világot Istenhez. Az áhítatos hívőben *sraddhá*ként, avagy Isten iránti áhítatként élő érzés a szív veleszületett sóvárgó vonzódása, hogy megismerje Őt. Ez az érzés spirituális cselekvésre buzdítja az áhítatos hívőt, és elősegíti *szádhaná*ját (spirituális gyakorlatait).

A *sraddhá* szót gyakran „hitnek" fordítják; azonban pontosabban határozhatjuk meg a szív-minőségünk ama természetes hajlamaként vagy áhítozásaként, hogy Forrása felé forduljon, és a hit szerves része e vonzalmunk követésének. A teremtés a taszítás, az Istentől való eltávolodás következménye – a Szellem kivetülését jelenti a külvilágba. Azonban az anyagban lényegéből fakadóan benne rejlik a vonzás ereje. Ez nem más, mint az istenszeretet, ama mágnes, amely végül visszavonzza a teremtett világot Őhozzá. Minél jobban ráhangolódik a hívő, annál inkább felerősödik a vonzás, és annál üdvösebbé válnak a jógi isteni áhítatának megtisztító hatásai.

Jujudhána, az Isteni Áhítat a tiszteletlen sátáni hitetlenség és kétely erői ellen harcol, amelyek megpróbálják eltántorítani és elcsüggeszteni a törekvő tanítványt.

2. Uttamaudzsasz – Vitalitást adó Cölibátus *(virja)*

A *Mahábhárata* Uttamaudzsasz nevű harcosának neve szó szerint annyit jelent, hogy „rendkívüli vitézségű". Patandzsali *virja*-fogalmát általában bátorságként vagy hősiességként értelmezik. A jóga-filozófiában azonban a *virja* a férfiú teremtő magjára is utal, amely – ha a férfi nem szórja szét kéjvágyón, hanem színtiszta életadó esszenciájává transzmutálja – kiemelkedő testi erővel, életképességgel és erkölcsi bátorsággal ruház fel. Ekként megállapítjuk, hogy a szanszkrit *uttama*, azaz „fő, elsődleges" és *odzsasz,* vagyis „energia, hatalom, testi erő" szótövekből összetett Utamaudzsaszt „az elsődleges hatalom, a fő testi erő" kifejezésekkel is fordíthatjuk. Ily módon a kifejezésből eredeztetett szókép a következő lesz: *Uttamam oja yasya sa iti* – „akinek ereje mindenek feletti (legmagasabb rendű vagy felülmúlhatatlan minőségű)". Ha a jóginak sikerül az életadó lényeg urává válnia, az a spirituális erő és erkölcsi szilárdság elsődleges forrása lesz számára.*

Az életerő-esszencia, az érzéki elme, a lélegzet és a *prána* (az életerő vagy életképesség) szorosan összefügg. Ha az ember csak az egyik felett uralmat szerez, a másik hármat is ellenőrzése alá vonja. Az áhítatos hívő, aki alkalmazni kezdi a tudományos jógatechnikákat, hogy egyidejűleg mind a négy erőt szabályozni tudja, egykettőre eljut a tudat egy magasabb állapotáig.

Uttamaudzsasz, a Vitalitást adó Cölibátus felruházza az áhítatos hívőt ama hatalommal, hogy győzedelmeskedjen a kísértés erői és a kicsapongás szokása felett, s ekként felszabadítsa a durva gyönyörökből isteni üdvös boldogsággá nemesítendő életerejét.

3. Csékitána – Spirituális Emlékezet *(szmriti)*

Csékitána jelentése „értelmes". A szanszkrit *csit* tőből a „megjelenni, ragyogni, emlékezni" jelentések eredeztethetők. A névből a következő szókép

---

* *Isten szavai Ardzsunához* című szövegmagyarázatában Paramahansza Jógánanda részletes fejtegetésbe bocsátkozott a Bhagavad-gítának a nemi ösztön helyes felhasználásáról és uralásáról szóló tanításával kapcsolatosan. Íme, egy szemelvény: „Aki kezdő a jóga-meditációban, túlságosan is egyértelműen tapasztalja meg, mennyire lehúza a földre életének és energiáinak konok testhez kötöttsége, s olykor rá sem eszmél, hogy elsődlegesen a saját szabadjára engedett gondolatai és nemi ténykedései felelősek földhözragadt állapotáért. Következésképpen a jóga az Önmagára eszmélést követően arra ösztökéli az istenkeresőt, hogy vegye kezébe ennek a lázadó erőnek az irányítását: a házaspároknak önmérsékletet kell tanúsítaniuk, hogy kapcsolatukban a szeretet és a barátság legyen túlsúlyban; az egyedülállóknak pedig a cölibátus egyszerű törvényeihez kell tartaniuk magukat – gondolatban éppúgy, mint tettben… Mivel az elfojtás csak fokozza az ember nehézségeit, a jóga eme ösztön átalakítását tanítja. A nemi gyönyör utáni kielégíthetetlen vágy így átlényegül a mély meditációban átélt isteni szeretet és elragadtatott öröm által."

származtatható: *Ciketi jānāti iti* – „az emlékszik és eszmél az igaz tudásra, akinek észlelése világos és összpontosított". Patandzsalinál a *szmriti* „emlékezetet" jelent, istenit és emberit egyaránt. Ez az a képesség, amelynek révén a jógi felidézi saját valódi természetét Isten képére teremtett lényként. Amint ez az emlék megjelenik vagy felragyog a tudatában, felruházza ama értelemmel és világos észleléssel, amely segít bevilágítania útját.

Csékitána, a Spirituális Emlékezet készenlétben áll, hogy szembeszálljon az anyagi világ káprázatával, amely elfeledteti az emberrel Istent, és amely miatt testhez kötött, halandó lénynek tekinti magát.

4. Viráta – Elragadtatás *(szamádhi)*

Amikor Durjódhana száműzte az öt Pándavát királyságukból, azt a feltételt szabta nekik, hogy tizenkét esztendőt a vadonban kell tölteniük, a tizenharmadik évben pedig úgy kell élniük, hogy Durjódhana kémei fel ne ismerjék kilétüket. Ekként a Pándavák tizenharmadik esztendejüket álöltözetben töltötték Viráta király udvarában.

A történet képletes jelentősége az, hogy ha egyszer az anyagi vágyak szokásokká gyökerezve teljesen átveszik az uralmat, egy tizenkét éves ciklusra van szükség, hogy megszabadíthassuk testi királyságunkat a bitorlóktól. Mielőtt a józan ítélőerő tulajdonságai visszanyerhetnék jogos uralmukat, az áhítatos hívőnek e tulajdonságokat a szamádhi-meditációban átélt tapasztalataiból kell merítenie, azután képesnek kell lennie kitartani mellettük fizikai testének és érzékeinek megnyilvánulásaiban. Ha az ítélőerő tulajdonságai ekként bizonyították hatalmukat, akkor állnak készen a testi királyságuk visszanyeréséért vívott metafizikai küzdelemre.

Ily módon Viráta Patandzsali *szamádhi*ját jelképezi, az isteni egyesülés meditáció közben elérhető átmeneti állapotát, amelyből a jógi spirituális erejét meríti. A Viráta név a szanszkrit *vi-rāj*, azaz „uralkodni, felragyogni" kifejezésből ered. A *vi* megkülönböztetést, szembenállást fejez ki, hallgatólagosan utalva a különbségre a közönséges uralkodás, illetve a *szamádhi*ban megtapasztalt, isteni tudatból kiinduló uralkodás vagy országlás között. A névből a következő szókép származtatható: *Viśeṣeṇa ātmani rājate iti* – „aki teljesen elmerül saját benső Énjében". A *szamádhi* befolyása vagy uralma alatt az áhítatos hívő maga is megvilágosodik, és isteni bölcsességgel vezérli cselekedeteit.

Viráta, vagyis a szamádhi, az Istennel mély meditációban alkotott egység állapota szertefoszlatja a káprázatot, amely a lélekkel ego-természete révén nem az Egy Igaz Szellemet, hanem az anyag különféle formáit és az ellentétpárokat láttatta meg.

5. Kásírádzsa – Ítéletalkotó Értelem *(pradzsná)*

A Kásírádzsa név a *kāśi*, azaz „ragyogó, tündökletes, sugárzó" és a *rāj*, vagyis „uralkodni, vezérelni, ragyogni" tövekből ered. Jelentése fényesen vagy tündökletesen és ragyogóan uralkodni; oly fénnyel, amely feltárja a látszat mögötti lényeget. A következő szókép származtatható belőle: *Padārthān kāśyan prakāśayan rājate vibhāti iti* – „akinek ragyogásában más dolgok is felragyognak (világosan feltárulnak)". A Pándavák e szövetségese Patandzsali *pradzsnáját*, azaz az ítéletalkotó értelmet – éleslátást vagy bölcsességet – jelképezi, ami a megvilágosodáshoz vezető elsődleges képesség az áhítatos hívőben. A *pradzsná* nem a tudós puszta intellektusa, amelyet gúzsba köt a logika, az okoskodás és az emlékezet, hanem a Legfelsőbb Mindentudó isteni képességének megnyilvánulása.

Kásírádzsa, az Ítéletalkotó Értelem oltalmazza meg az áhítatos hívőt a hamis okoskodás agyafúrt seregei által felállított kelepcéktől.

6. Drupada – Végső Közömbösség *(tívra-szamvéga)*

A Drupada nevet alkotó szanszkrit tövek szó szerinti fordítása *dru*, azaz „futni, sietni" és *pada*, vagyis „járás, lépés". A következő szókép származtatható belőle: *Drutam padam yasya sa iti* – „akinek léptei gyorsak, avagy fürgék". A kifejezés hallgatólagos jelentése „olyan ember, aki fürgén halad előre". Ez egybevág Patandzsali *tívra-szamvégájával;* amelynek szó szerinti jelentése a *tívra*, azaz „végső" és a *szamvéga*, úgymint *szam*, „együtt" és *vidzs*, „gyorsan mozogni, sietni" tagokból áll össze.

A *szamvéga* szó egyben a világ dolgai iránti közömbösséget is jelenti, amely a megszabadulás utáni heves sóvárgásból fakad. E világi tárgyaktól és gondoktól való szenvedélymentes elkülönülésre a Bhagavad-gítában másutt *vairágjaként* történik utalás. Mint korábban idéztük, Patandzsali szerint a jóga célkitűzéséhez azok állnak legközelebb, akik birtokában vannak a *tívra-szamvégának*. Ez a mélységes közömbösség nem holmi negatív érdektelenség, és nem is az önmegtagadás ínséges állapota. A szó jelentése inkább a spirituális cél utáni oly heves áhítozást takarja, amelynél – miközben az érzés pozitív cselekvésre és elmetevékenységre ösztökéli az áhítatos hívőt – a világi sóvárgások természetes módon átlényegülnek a beteljesülést hozó vággyá Isten után.

Drupada, a Végső Közömbösség támogatást nyújt az áhítatos hívőnek az anyagi kötődések erős hadserege ellen vívott harcában, amelyek igyekszenek őt eltántorítani spirituális céljától.

A jóga nyolcrétű lényegének felébresztése bensődben

A következő Pándava szövetségesek jelképezik a jóga alapelemeit. Ezek a *jógangák*, avagy jóga-ágak Patandzsali tolmácsolásában a Jóga Nyolcrétű Ösvényeként váltak ismertté. Patandzsali elő is sorolja őket a *Jóga-szútrák* II:29. szakaszában: *jáma* (erkölcsös viselkedés, az erkölcstelen cselekedetek kerülése); *nijáma* (vallási előírások); *ászana* (a helyes testtartás a test és elme feletti ellenőrzés végett); *pránájama* (a *prána*, vagyis az életerő szabályozása); *pratjáhára* (az elme befelé fordítása); *dháraná* (összpontosítás); *dhjána* (meditáció); és *szamádhi* (isteni egyesülés).

Ezután folytassuk a metafizikai katonák leírását:

7. Dhristakétu – Az Elme Ellenállóképessége *(jáma)*

A szanszkrit *dhriṣ* szótőben a következő jelentések rejlenek: „vakmerőnek és bátornak lenni; merészen támadni". *Kétu* annyit tesz, mint „vezér vagy vezető"; s egyben „ragyogás, tisztaság; értelem, ítélet". A névből a következő szókép származtatható: *Yana ketavaḥ* āpadaḥ *dhṛṣyate anena iti* – „akinek józan ítélőképességű értelme felülkerekedik a nehézségeken". Dhristakétu nevében az a tárgy is benne foglaltatik, amely ellen erejét latba veti. „Bátor" és „merész" értelmén túlmenően a *dhrista* egyben a „szabados" jelentéssel is bír. Dhristakétu a helyes ítélkezés képességét jelképezi az áhítatos hívőben, amelynek köszönhetően bátran támadást mer intézni az erkölcstelen viselkedésre vezető, gonosz hajlamok ellen – vagyis elméjének ellenállóképességét. E katona tehát Patandzsali *jámáját*, erkölcsös viselkedését testesíti meg. A Nyolcrétű Ösvény eme első lépését a „tiltó parancsolatok" betartásával tehetjük meg – ha tartózkodunk mások bántalmazásától, a hazugságtól, a lopástól, a bujálkodástól és a mohóságtól. Amennyiben a legteljesebb értelmükben fogjuk fel őket, ezek a tilalmak az erkölcsös viselkedés egészét felölelik. Betartásukkal a jógi elkerüli ama elsődleges vagy alapvető nehézségeket, amelyek akadályt gördíthetnének elé az Önmagára eszmélés felé vezető útján. Az erkölcsös viselkedés szabályainak megszegése nem csupán a jelenben okoz nyomorúságot, de hosszú távú karmikus kihatásokkal is bír, amelyek a szenvedéshez és egyéb halandó korlátokhoz kötik az áhítatos hívőt.

Dhristakétu, az Elme Ellenállóképessége a spirituális törvényekkel ellentétes viselkedésre csábító vágyakkal csatázik, és segít semlegesíteni múltbeli hibáink karmikus kihatásait.

8. Saibja – az Elme Ragaszkodása *(nijáma)*

Saibja, akit gyakran *Saivja* írásmóddal említenek, Sivára utal, e név viszont a szanszkrit *śī* szótőből származik, amelynek jelentése „akiben minden dolgok rejlenek". Siva továbbá annyit tesz, mint „kedvező, jóakaratú, boldog", illetve „jólét". A Saibja névből a következő szókép származtatható: *Śivam maṅgalam tat-sambandhī-yam iti maṅgala-dāyakam* – „aki ragaszkodik a jóhoz és kedvezőhöz – mindahhoz, ami jólétet eredményez számára". Saibja Patandzsali *nijámá*jának, vagyis a vallási szabályok betartásának felel meg. Az áhítatos hívő ama képességét jelképezi, hogy ragaszkodjon a *nijáma*, a „parancsolatok" spirituális előírásaihoz: a test és elme tisztaságához, az elégedettséghez minden körülmények közepette, az önfegyelemhez, az önvizsgálathoz (elmélkedés), és az Isten iránti áhítatos odaadáshoz.

Saibja, vagyis az Elme Ragaszkodásának képessége egész sereg pozitív önfegyelmi gyakorlattal vértezi fel a jógit, hogy legyőzze a gonosz és nyomorúsághoz vezető viselkedésmódoknak és a múltbéli rossz karma kihatásainak légióit.

A *jáma-nijáma* az alap, amelyre a jógi elkezdi felépíteni spirituális életét. Ezek hangolják össze testét és elméjét a természet, avagy teremtés isteni törvényeivel, benső és külső jólétet, boldogságot és erőt eredményezve, amely a mélyrehatóbb spirituális gyakorlatok felé vonzza az áhítatos hívőt, és fogékonynyá teszi a guruja által adott *szádhana* (spirituális ösvény) áldásaira.

9. Kuntibhódzsa – Helyes Testtartás *(ászana)*

A Kuntibhódzsa név bhódzsa tagja a *bhudzs*, azaz „birtokba vesz, irányít vagy kormányoz" szóból származik. Kuntibhódzsa Kuntí örökbefogadó atyja. A névből a következő szókép származtatható: *Yena kuntim kunā āmantraṇā daiva-vibhūtī ākarṣikā śaktim bhunakti pālayate yaḥ saḥ,* „aki birtokba veszi és támogatja a spirituális erőt – Kuntí –, mely révén isteni képességeket kelthet életre és vonzhat magához". Kuntí Pándu felesége s a három idősebb Pándava fivér – Judhisthira, Bhíma és Ardzsuna – édesanyja, és a két fiatalabb ikerfivér – Nakula és Szahadéva – mostohaanyja. Kuntí birtokában volt a képességnek, hogy segítségül hívja az isteneket (a kozmikus teremtőerőket), s ily módon jött a világra ez az öt fiúgyermek is. Képletes értelemben Kuntí (a *ku* szótő jelentése „szólítani") a buzgón áhítatos hívő spirituális képessége, amellyel segítségül hívhatja a teremtő életerőt *szádhaná*ja során. Kuntí (akárcsak Drupada) az áhítatos hívő világ iránti közömbösségét és Isten utáni sóvárgását jelképezi, amely a meditáció közben megfordítja a kifelé áramló életerőt, hogy az a bensőjében összpontosuljon. Amikor pedig az életerő és a tudat Pánduvá, a *buddhi*vá (ítélőképességgé) egyesül, akkor a finom hátgerinci központok *tattvá*i avagy elemei (amelyek a test mikrokozmikus méhében vagy központjaiban fogannak a makrokozmikus vagy egyetemes teremtőerők által) megnyilvánulnak a jógi számára (vagyis Kuntí révén a világra jönnek).

Kuntibhódzsa Patandzsali ászanáját jelképezi, azt a képességet, amely a test kiegyensúlyozottságából vagy ellenőrzéséből fakad, hiszen a helyes testtartás nélkülözhetetlen a jógi életerő-szabályozó gyakorlatához. Ahogyan Kuntibhódzsa „örökbe fogadta és felnevelte" Kuntít, úgy „támogatja" az ászana ama képességünket, hogy segítségül hívjuk az isteni életenergiát a *pránajáma*, avagy életerő-szabályozás gyakorlására való felkészülésünk során (e lépés követi az ászanát a Nyolcrétű Ösvényen).

Az *ászana* a jógameditációhoz szükséges helyes testtartást írja elő. Noha az idők során számos módozat fejlődött ki, a lényegi alapelemek közé tartozik, hogy kiegyensúlyozott testhelyzetben, kihúzott háttal, egyenes gerinccel helyezkedjünk el; állunk vonala párhuzamos legyen a földdel; vállunkat hátrahúzzuk, mellünket kidüllesszük, hasunkat behúzzuk; szemünket pedig a *Kutasztha*-központra szegezzük a két szemöldökünk között. A testünknek nyugodtnak és mozdulatlannak kell lennie, mentesnek minden erőlködéstől és feszültségtől. Ha mesterien elsajátítjuk, a helyes testtartás, avagy *ászana* olyan lesz, amilyennek Patandzsali leírja: „szilárd és kellemes". Az ilyetén tartás biztosítja a testünk feletti uralmat, valamint az elmebeli és fizikai nyugalmat, képessé téve a jógit, hogy ha úgy kívánja, akár órákon át meditáljon kifáradás és mindennemű nyugtalanság nélkül.

Nyilvánvaló tehát, miért létfontosságú az ászana az életerő-szabályozáshoz: Ez tartja fenn a test kívánalmai iránti benső közömbösségünket, és táplálja hevével abbéli képességünket, hogy az életenergiákat segítségül hívva tudatunkat befelé, a Szellem világára fordítsuk.

Kuntibhódzsa, a Helyes Testtartás biztosítja testünk és elménk ama elcsitulását, amelyre oly nagy szükségünk van, hogy harcba szállhassunk a lustaság, a nyughatatlanság és gyarló érzéki kötődéseink testünkből fakadó hajlamaival.

10. Judhámanju – Életerő-szabályozás *(pránajáma)*

A *judh*, azaz „harcolni" és *mánju*, vagyis „lelkesültség, hév" tagokból álló Judhamánju nevének jelentése: „aki nagy buzgalommal és eltökéltséggel küzd". A névből a következő szókép származtatható: *Yudhaṁ caitanya-prakāśayitum eva manu-kriyā yasya saḥ* – „akinek fő tevékenysége az isteni tudat kinyilvánításáért vívott harc". Az életerő az összekötő kapocs anyag és Szellem között. Kifelé áramolva az érzékek csalókán csábító világát tárja elénk; ha áramlása visszafordul befelé, akkor Isten örök elégedettséget hozó üdvös boldogságához vonzza a tudatot. Az áhítatos hívő meditáció közben e két világ között ül, igyekszik belépni Isten királyságába, ám ehhez túlságosan leköti az érzékekkel vívott csata. A *pránajáma* egy tudományos technikájának segítségével [amilyen a *Krijá-jóga*] a jógi végül sikerrel jár a kifelé áramló életenergia visszafordításában, amely a külvilágra irányozta tudatát a légzés, a szívműködés és az érzékek által csapdába ejtett életáramlatok révén. A jógi így belép a lélek és a Szellem természetesen nyugodt, benső birodalmába.

Judhamánju, az Életerő-szabályozás felbecsülhetetlen értékű harcosa a Pándavák seregének, aki lefegyverzi és megfosztja erejétől a világtalan elme érzékseregét.

11. Purudzsit – Befelé Fordulás *(pratjáhára)*

Purudzsit neve szó szerinti fordításban annyit jelent, hogy „sokakat meghódítani", éspedig a *puru* (töve *pṛī*) azaz „sok" és a *dzsit* (töve *dzsi*), vagyis „meghódítani, eltávolítani (meditációban)" tagok alapján. A következő szókép származtatható belőle: *Paurān indriya-adhiṣṭhātṛ-devān jayati iti* – „aki meghódította az érzékeket uraló asztrális erők fellegvárait". A szanszkrit *pur* szó (töve *pṛī*) „fellegvárat" jelent, és itt az elme érzéki erődjeire *(manasz)* és érzékszerveire utal, amelyek működéseit a finom agyi-hátgerinci központokban lakozó asztrális erők irányítják. A szanszkrit *dzsi* tő magában hordozza a „leigáz, ural" értelmet. Purudzsit, ahogyan a Bhagavad-gíta szövegösszefüggésében hivatkoznak rá, azt a harcost jelenti, aki a test érzéki erődítményeiben tanyázó sokaságot (az érzékek katonáit) leigázza, és uralmunk alá hajtja. Vagyis Purudzsit Patandzsali *pratjáhárá*ját jelképezi, a tudat visszavonását az érzékektől, a *pránajáma* végcélját, avagy ama életerő (az asztrális erők) sikeres szabályozásának eredményét, amely megeleveníti az érzékeket, és eljuttatja üzeneteiket az agynak. Amikor az áhítatos hívő elérte a *pratjáhárát*, élete lekapcsolódik az érzékekről, s az elme és a tudat elcsitul, és befelé fordul.

Purudzsit, a Befelé Fordulás biztosítja a jógi számára az elmének azt a kiegyensúlyozott nyugalmát, amely megakadályozza, hogy az érzékek hadseregének születés előtt berögződött szokásai miatt elméje egyszerre csak szétforgácsolódjon az anyagi világban.

12. Szaubhadrá, úgymint Szubhadrá fia (Abhimánju) – Önmagunk Feletti Uralom *(szamjáma)*

Szubhadrá Ardzsuna felesége. A fiuk neve Abhimánju, az *abhi,* azaz „erőteljesen; felé, bele" és a *mánju,* vagyis „kedély, hangulat, elme; hév" tagokból. Abhimánju azt az erőteljes elmeállapotot jelképezi (az ember spirituális hangulatát vagy *bháváját*), amelyben a tudat az összpontosításának, illetve hevének tárgyával történő egyesülés*be* vagy e *felé* vonzódik, tökéletes önuralomra vagy önfegyelemre téve szert. Patandzsali a *Jóga-szútrák* III:1–4. szakaszaiban *szamjáma*ként utal erre, amely átfogó kifejezés a Nyolcrétű Ösvény utolsó három lépését csoportosítja együvé.

Az első öt lépés mintegy a jóga bevezetése. A *szam,* azaz „együtt" és *jáma,* vagyis „tartás" tagokból képzett *szamjáma* magában foglalja a *dháraná* (összpontosítás), *dhjána* (meditáció) és *szamádhi* (isteni egyesülés) titkos hármasát, és ekként maga a tulajdonképpeni jóga. Amikor az elmét visszavontuk az érzékek háborgásától *(pratjáhára),* akkor a *dháraná* és a *dhjána* együttesen idézik elő a *szamádhi* különböző lépcsőfokait: az elragadtatott feleszmélést és végül az isteni egyesülést. A *dhjána,* azaz meditáció nem más, mint a felszabadult figyelem összpontosítása a Szellemre, amelynek egyaránt része a meditáló személy, a meditáció folyamata vagy technikája, és a meditáció tárgya. A *dháraná* az összpontosítás vagy rögzítettség ama benső képzetre, vagyis a meditáció tárgyára. Ekként támad az elmélkedésből az Isteni Jelenlét észlelése, először az ember bensőjében, majd kozmikus képzetté fejlődve – az ember felfogja a Szellem határtalanságát, amely lényében mindenütt ott rejlik, s túlmutat az egész teremtett világon. A *szamjáma* önuralom betetőzése az, amikor a meditáló személy, a meditáció folyamata és a meditáció tárgya eggyé olvad – s bekövetkezik a Szellemmel alkotott egység teljes tudatosulása.

A Bhagavad-gíta szövegében Abhimánju anyai nevére, a Szaubhadrára tett utalás elvezet bennünket a Szubhadrá tulajdonnév jelentéséhez: „dicsőséges,

ragyogó". Ekként Abhimánju az az önuralom, amely fényt vagy megvilágoso-
dást hoz az ember életébe. A következő szókép származtatható belőle: *Abhi
sarvatra manute prakāśate iti* – „akinek erőteljesen összpontosító elméje ott
ragyog mindenütt", vagyis fénybe borít vagy feltár mindent; megvalósítja az
Önmagunkra eszmélés megvilágosult állapotát.

Abhimánju, az Önmagunk Feletti Uralom az a nagy Pándava harcos, aki-
nek győzelmei lehetővé teszik a jógi számára, hogy visszaszorítsa az ego, az ér-
zékek és szokások nyughatatlan, csalóka tudatának támadásait, és ekként mind
hosszabban és hosszabban maradhasson meg az isteni lélek-tudat állapotában
– a meditáció közben és utána egyaránt.

13. Draupadí fiai – A kundalíni által felébresztett öt hátgerinc-központ

Draupadí Drupada (a Végső Közömbösség) leánya. Ő jelképezi a *kunda-
líni* spirituális erejét vagy érzését, amely Drupada isteni hevéből és világ iránti
közömbösségéből támad, illetve születik. Amikor a *kundalíni* felfelé emelkedik,
„egybekel" az öt Pándavával (az öt hátgerinci központban rejlő teremtő rezgési
elemekkel és tudattal), s ezáltal ad életet az öt fiúgyermeknek.*

Draupadí fiai az öt megnyílt vagy felébredt hátgerinci központ megnyilvá-
nulásai – az egyes központokra jellemző sajátos formák, fények vagy hangok –,
amelyekre a jógi összpontosít, hogy az isteni ítélőerőből merítve vehesse fel a
harcot az érzéki elmével és ivadékaival.

---

* Draupadí *Mahábhárat*ában szereplő történetének egy részét Paramahansza Jógánanda a következő-
képpen beszéli el: „Egy *szavajamvará*nak nevezett, körülményes szertartás részeként, melyet a király
avégett tartott, hogy férjet válasszon leányának, Draupadínak, Drupada király feltétele így hangzott:
csakis olyan hercegnek adja a leánya kezét, aki képes megfeszíteni egy erre az alkalomra készített rop-
pant íjat, s vele eltalálni egy ravaszul álcázott, felfüggesztett célpont kellős közepét. Hetedhét országból
csődültek a hercegek próbát tenni, de még felemelni sem bírták az íjat. Ardzsuna azonban könnyűszer-
rel sikerrel járt. Amikor az öt Pándu hazatért, édesanyjuk, Kuntí, hallván fiai közeledését, és feltételezve,
hogy értékes kincsekre tettek szert útjukon, odakiáltott nekik, hogy egyenlően kell osztozniuk a nye-
reségükön. Mivel pedig az anya szavát muszáj tiszteletben tartani, Draupadí mind az öt fivér felesége
lett, és egy-egy fiúgyermeket szült mindnyájuknak."

4. FEJEZET

A lélekkel szembenálló
pszichológiai erők

A Bhagavad-gíta – ez az átfogó metafizikai és lélektani értekezés – az összes tapasztalatot sorra veszi, amelyet a spirituális utazó a felszabaduláshoz vezető útja során átél. Az eddigiekben elsősorban azokra a pozitív állapotokra összpontosított, amelyek felé az áhítatos hívő törekszik. Az ezt követő versekben… óva int a negatív állapotoktól, amelyek megpróbálják megfélemlíteni az utazót, és eltántorítani céljától. „Jobb félni, mint megijedni!" Ha az áhítatos hívő tisztában van vele, milyen útvonalat kell bejárnia, akkor sosem fogja mardosni a bizonytalanság, és elrémíteni az elkerülhetetlen ellenállás.

❖ ❖ ❖

[A Bhagavad-gíta első fejezetének 8–9. versében Durjódhana (az Anyagi Vágy) elbeszéli, hogy milyen szövetségesekre támaszkodva szándékszik fenntartani a testi királyság feletti uralmát:]

> „Íme, e harcosok: Te magad (Dróna), Bhísma és Karna, és Kripa – a csatákban diadalmas; Asvattháman és Vikarna, Szómadatta fia és Dzsajadratha.
> És számos hős van még itt jelen, mind csatában jártas és vitéz fegyverforgató, ki kedvemért kész lemondani életéről."

Amiképp a 4–6. versben elősorolt Pándavák jelképezik a jógi számára az Istenre eszméléshez vagy isteni egyesüléshez szükséges princípiumokat, úgy a Durjódhana által a 8. versben megnevezett Kauravák a képletes megtestesítői azoknak a konkrét elveknek, amelyek ellenszegülnek a spirituális fejlődésnek.

A *Jóga-szútrák* I:24. szakaszában Patandzsali így ír: „Az Urat (Ísvarát) nem érinti a *klésa* (bajok), a *karma* (cselekvés), a *vipáka* (szokás) és az *ásaja* (vágy)."

A *Jóga-szútrák* II:3. szakaszában adott meghatározásával Patandzsali a *klését*, avagy a bajokat a következő öt csoportra osztja: *avidjá* (tudatlanság), *aszmitá* (egoizmus), *rága* (kötődés), *dvésa* (viszolygás), *abhinivésa* (testi kötődés). Mivel az Úr mentes e nyolc tökéletlenség mindegyikétől, amelyek a teremtett világban benne rejlenek, az Istennel egyesülni törekvő jóginak is hasonlóképpen meg kell szabadítania tudatát a spirituális diadal eme akadályaitól.

❖ ❖ ❖

Azt mondják, amikor az ego, avagy „én-tudat" a teremtés anyagelvű erőivel szövetségre lépett, hat fogyatékosság (*dósha*) jelentkezik benne: *káma* (kéjvágy); *kródha* (harag); *lóbha* (mohóság); *moha* (érzékcsalódás); *mada* (büszkeség) és *mátszarja* (irigység).

[Az itt felsorolt „lélektani ellenségek" részletes leírása, többek között az egyes harcosok szanszkrit neve és az általuk jelképezett tulajdonság közötti öszszefüggés az *Isten szavai Ardzsunához* című műben található. A következőkben csupán néhány alapvető pontot tisztázunk a spirituális fejlődés legfőbb ellenségeivel kapcsolatban:]

Egoizmus (jelképe Bhísma)

A Bhísma név a „megrémíteni" jelentésű szanszkrit *bhī* vagy *bhīṣ* szótőből származik... A leírt lélektani-metafizikai ütközetben Bhísma-Ego a Pándavák leghatalmasabb ellenfele, ekként ő szítja a legnagyobb félelmet a hátgerinci központok spirituális erőinek szívében, amelyek igyekszenek a Szellem felé fordulni, hogy újjáalapítsák az isteni lélek-tudat királyságát.

Patandzsali *aszmitá*ja, a *klésák* közül a második az „én vagyok" jelentésű szanszkrit *aszmi* kifejezésből származik (töve *asz*, vagyis „lenni"). Tehát itt is éppúgy az egoizmusról van szó, a Bhagavad-gíta allegorikus Bhísmájáról...

Patandzsali ekként írja le az egyénített létérzet *klésá*ját: „Az *aszmitá* (egoizmus) a látó azonosítása a látás eszközeivel." Egoizmusról akkor beszélhetünk, amikor a lélek vagy a látó, Isten képmása az emberben megfeledkezik valódi isteni Énjéről, s a test és elme eszközeinek észlelő- és cselekvőképességével azonosul. Az *aszmitá* következésképpen az a tudat, amelyben a látó (a lélek vagy annak áltermészete, az ego) és ítélőereje oly módon vannak jelen, mintha elválaszthatatlanul egyek és ugyanazok volnának.

Az, hogy milyen arányban elegyedik egymással ebben az azonosulásban tudatlanság és megvilágosultság, egyedül attól függ, hogy milyen természetűek az egyes eszközök, amelyeken keresztül az „énség", avagy egyéniség megnyilvánul. Amikor a durva érzékekkel és azok tárgyával (a fizikai testtel és az anyagi világgal) azonosul, az „énség" a bölcsességet szertefoszlató, fizikai egóvá válik. Amikor azonban az észlelés és megismerés asztráltestünkben rejlő, kifinomult eszközeivel azonosul, az „énség" egy tisztább létérzetként, az asztrális egóként nyilvánul meg, amelynek valódi természetére olykor hátrányosan hat a fizikai természet megtévesztő befolyása; de éppúgy az is megtörténhet, hogy az asztrális ego a kauzális test bölcsesség-tudatának eszköztárával áll összhangban, és ekként az ítéletalkotó egóvá emelkedik.

Amennyiben az „énség" kizárólag a színtiszta intuitív bölcsességen, vagyis a kauzális test eszközén át nyilvánul meg, akkor a színtiszta ítéletalkotó egóvá (az isteni egóvá) vagy annak legmagasabb rendű kifejeződési formájává, a lélekké, a Szellem egyénített tükörképévé nemesedik. A lélek, avagy a legtisztább egyénített létérzet tisztában van mindentudó és mindenütt jelenlévő Szellem-azonosságával, s a test és az elme eszközeit pusztán a tárgyiasult teremtéssel folytatott kommunikációjának és érintkezésének közvetítőiként használja. Ennek megfelelően a hindu szentírások megállapítják: „Amikor ez az»én« meghal, akkor fogom megtudni, hogy ki vagyok."

A jelen vers szövegösszefüggésében, amely a Kaurava-hadsereg belső, metafizikai erőit ecseteli, a Bhísma-Ego-tudat az asztrális, avagy benső látású ego formájában kerül említésre: ama tudatként, amely az érzéki elme (manasz), az értelem (buddhi) és az érzés (csitta) eszközeinek kifinomult formájával azonosul. Az áhítatos hívő fejlődésének e szakaszában az asztrális vagy belső látású egót erőteljesen befolyásolja az érzéki elme kifelé irányuló vonzása; vagyis ez az ego a Kuruk mellett száll síkra. A szamádhi győzelmében eme „énség" (aszmitá), a belső látású ego az asztrális és kauzális testek eszközeit felhasználó ítéletalkotó egóként, majd végül a színtiszta egyénített létérzetként, avagy a lélekként válik felsőbbrendűvé.

❖ ❖ ❖

Bhísma (aszmitá vagy káprázatból született ego-tudat) az érzékhadsereg valamennyi egységének főparancsnoka. Bhísma, az ego vagy ál-lélek célja folyamatosan lefoglalni a tudatot az érzékek jelentéseivel és tevékenységeivel azáltal, hogy figyelmünk keresőfényét kifelé, a testre és az anyagi világra fókuszáljuk, nem pedig befelé, Istenre és valódi lélek-természetünkre. Ez a megtévesztett, húshoz kötött tudat a felelős az emberi testben megbúvó kísértések és kötődések temérdek katonájának felébresztéséért.

Az ego-tudat nélkül a gonosz és a kísértés egész ármádiája úgy tűnik tova, mint egy elfeledett álom. Ha a lélek anélkül lakozna a testben, hogy azonosulna vele – amiként a szentek lelkei –, akkor többé semmiféle kísértés vagy kötődés nem lenne képes a testhez fűzni.

A köznapi emberek bajai abból a tényből erednek, hogy amikor a lélek alászáll a testbe, e hús-vér porhüvelybe vetíti ki egyénített, örökké tudatos, szakadatlanul megújuló üdvös boldogságban fürdő természetét, s a továbbiakban e fizikai alak korlátaival azonosul. Ekkor pedig a lélek a számos kísértésnek kitett nyomorúságos egóként gondol önmagára.

Mindazonáltal a lélek azonosulása a testtel csupán képzeletbeli, nem valóságos. A lélek lényegét tekintve mindig színtiszta. A közönséges halandók mégis hagyják, hogy lelkük húshoz-vérhez kötött egóként, nem pedig a Szellem tükörképeként vagy valódi lélekként létezzen.

Káma (kéjvágy) – Jelképe Durjódhana (Anyagi Vágy)

Az ego a szükségletek kielégítésének jogcímével és ürügyével arra csábítja az embert, hogy szüntelenül az önös beteljesülést hajszolja, ami szenvedéshez és bosszúságokhoz vezet. Feledésbe merül az, ami a lelket valóban boldoggá tenné, így az ego vég nélkül folytatja próbálkozásait saját telhetetlen vágyai kielégítésére. A *káma* (kéjvágy) következésképpen az a parancsoló vágy, hogy engedjünk az érzéki kísértéseknek.

A kényszerítő erejű anyagi vágy az ember helytelen gondolatainak és cselekedeteinek felbujtója. A végső ellenség – az ember isteni természetét elnyomó többi erővel együttműködve, amelyekkel kölcsönösen befolyásolják egymást – a kéjvágy. A tökéletes példa erre Durjódhana, aki egyetlen arasznyitól sem volt hajlandó megválni az érzékek vagy gyönyörűségek birodalmának területéből, s ezzel a kuruksetrai ütközet kirobbantójává vált. A Pándavák pedig csak apránként, ádáz eltökéltséggel küzdve voltak képesek visszahódítani királyságukat.

A *káma* vagy kéjsóvárság a többi Kaurava-erőtől támogatva képes olyanynyira érzékivé zülleszteni az embert, hogy legalantasabb ösztönei megnyilvánítására kényszerítse. A hindu szentírások azt tanítják, hogy a *káma* erőteljes befolyása alatt a józan és tanult ember is képes szamárként, majomként, kecskeként és disznóként viselkedni.

Milyen szerepet játszik a pránajáma ereje a spirituális csata megnyerésében?

[Az I. fejezet 10. versében Durjódhana/az Anyagi Vágy – a tudatlanság erőinek vezére – kijelenti:]

„Bhísma oltalma alatt álló haderőnk korlátlan (mégis elégtelennek bizonyulhat); míg az ő seregük, mit Bhíma védelmez, korlátozott (bár felettébb ütőképes).”

Durjódhana/Anyagi Vágy jól tudja, hogy királyságát súlyos veszedelem fenyegeti, amikor a törekvő, áhítatos hívő a meditáció gyakorlatával elkezdi hadba szólítani spirituális seregét. Bhíma, a lélek vezérelte életerő e sereg vezérlő tábornoka, ugyanis az életerő az összekötő kapocs anyag és Szellem között; semmiféle eszmélés nem mehet végbe mindaddig, amíg ez az energia ellenőrzés alá nem kerül, és a Szellem felé nem fordul.

Amint a meditációt végző, áhítatos hívő jártasságot szerez a megfelelő *pránajáma* technikákban [amilyen a *Krijá-jóga*], Bhíma, a befelé fordított életerő – s az élet és légzés belőle fakadó szabályozása – elvezeti a győzedelmes jógit az isteni tudatig… Amikor az életerőt elzárjuk az érzékszervektől, az anyagi érzetek nem érhetik el az agyat, hogy elragadják a meditáló személy figyelmét Istentől. Ezért kell felébreszteni Bhímát, avagy az életerő-szabályozás képességét néhány további erős harcossal – az összpontosítással, az intuícióval, a belső észleléssel, a nyugalommal, az önuralommal és így tovább (a 4–6. versben olvasható felsorolás szerint) –, hogy harcba szálljanak az ál-lélek vagy ego erői ellen.

Bhíma, avagy a lélek vezérelte életerő a spirituális hadsereg parancsnoka, s egyben az ego, avagy Bhísma legfőbb ellenfele, ugyanis amikor az életerő-szabályozás megtorpanásra készteti az öt érzék benyomulását, a lélek automatikusan megszabadul a testtel azonosult ego-tudat fogságából. A lélek, miután visszanyerte a tudat feletti főparancsnokságát, így szól: „Sohasem voltam egyéb, mint örömteli Szellem; csupán képzeltem egy ideig, hogy halandó emberként sínylődöm a csalóka korlátok és érzéki kísértések börtönében.”

A lélek e „felébredése”, avagy az Önmagunkra eszmélés először átmeneti tudatosságként köszönt reánk a *szamádhi* élményeként mély meditációban, miután a *pránajáma* sikeres gyakorlása az életerő szabályozásához vezetett, és visszafordította az életet és tudatot az érzékektől a lélek- és Isten-tudatosság mennyei, benső állapotaihoz. Amint a jógi *szamádhi*-élménye elmélyül és kiterjed, ez a feleszmélés a tudat állandó állapotává válik.

A *szamádhi*, avagy Istennel alkotott egység megvalósítása az egyetlen módszer, amely révén az ego-tudatra megsemmisítő vereséget mérhetünk.

A kéjvágy fogalma magában foglalja a visszaélést bármely vagy valamennyi érzékünkkel a gyönyör vagy kielégülés hajszolása közben. A látás érzékével az ember kiélheti az anyagi tárgyak utáni sóvárgását; a hallás érzékével a hízelgés édes, lassan ható mérgére, valamint az anyagi természetét felgerjesztő emberi hangok vagy muzsika rezgési hangjaira áhítozik; az illatok kéjes gyönyörűségei könnyen rossz környezetbe és cselekedetekre csábíthatják; az étel és ital utáni heves vágyakozás arra készteti, hogy ínyének gyönyörűségéért akár egészségét is feláldozza; a tapintás érzékével pedig mértéktelen fizikai kényelemre áhítozik, és visszaél a teremtő nemi késztetéssel.

A kéjvágy továbbá a vagyonban, a társadalmi helyzetben, a hatalomban és a mások feletti uralomban is keresi kielégülését – vagyis mindabban, ami az egoista ember „én, nekem, enyém" típusú sóvárgásainak beteljesülést hozhat.

A kéjsóvárság maga az egoizmus, az emberi jellemfejlődés lajtorjájának legalacsonyabb foka. A *káma* kielégíthetetlen szenvedélye erejével előszeretettel teszi tönkre az ember boldogságát, egészségét, agyi képességeit, zilálja szét világos gondolkodását, emlékezőtehetségét és ítéletalkotó képességét.

A szokás pozitív és negatív hatalma (jelképe Dróna)

Az emberek igen ritkán ismerik fel, hogy egészségük, sikerük és bölcsességük nagyrészt a jó és rossz szokásaik között folyó csata függvénye. Aki a lélek uralmát szeretné megalapítani bensőjében, annak nem szabad engednie, hogy a rossz szokások leigázzák testi királyságát. Minden efféle gonoszt el kell űzni oly módon, hogy különböző jó szokásokat alakítunk ki a diadalmas lélektani hadviseléssel.

❖ ❖ ❖

A Dróna név a „megolvasztani" értelmű szanszkrit *dru* tőből ered. Következésképpen Dróna hallgatólagos jelentése „az, ami megolvadt állapotban marad". Ha egyszer végigviszünk egy gondolatot vagy fizikai cselekedetet, az nem szűnik meg létezni, hanem megőrződik a tudatunkban egy kifinomultabb vagy „képlékenyebb" formában, az eredeti, durva gondolati vagy tevőleges megnyilvánulás lenyomataként. Ezeket a lenyomatokat nevezzük *szamszkáráknak*. Ezek erőteljes belső késztetéseket, irányultságokat vagy hajlamokat hoznak létre, amelyek az adott gondolat vagy cselekvés megismétlése felé befolyásolják az értelmet. Ha gyakran engedünk nekik, az effajta ösztönzések kényszerítő erejű szokásokká rögzülnek. Ekként a *szamszkára* kifejezést ebben a szövegösszefüggésben egyszerűbben benső irányultságnak vagy késztésnek, szokásnak is fordíthatjuk. A nagy általánosságban benső irányultságként vagy szokásként meghatározott *szamszkárát* Dróna, a nevelő jelképezi.

A *Mahábháratá*ban elbeszélt történelmi cselekmény szerint Dróna volt az a mesteroktató, aki a Kurukat és a Pándavákat egyaránt megtanította az íjászatra. A két ellenfél között kirobbant csatában azonban Dróna a Kuruk mellett szállt síkra.

A lélek színtiszta értelmének (*buddhi*) jó ítéletalkotó hajlamai, és az érzéki elme gonosz mentális irányultságai (*manasz*) egyaránt a Benső Hajlamtól, Drónától tanulták a harc művészetét, ám előbbiek a lelket felfedő bölcsesség, utóbbiak az igazságot elhomályosító érzék-tudat fegyvereit forgatják.

Jó *szamszkáráink* tudat alatti késztetései segítenek jelenlegi helyes gondolataink, tetteink és szokásaink formálásában. Ha azonban e velünk született késztetések rosszak, akkor gonosz gondolatokat ébresztenek bennünk, amelyekből rossz cselekedetek és szokások fakadnak. Ahogyan a madarak is mindig elfordítják a fejüket, hogy egyszerre az egyik szemükkel fókuszáljanak egy adott tárgyra, éppúgy Dróna, a *szamszkára* vagy szokás vezérelte értelem is féloldalasan lát, és uralkodó irányultságainkat támogatja. Ez a Dróna, vagyis benső késztetés a gonosz elmehajlamokhoz (a Kurukhoz) csatlakozik, ha ezek vannak túlsúlyban. Ha tehát a *szamszkárát*, avagy érzéki szokás-irányultságunkat nem tisztítjuk meg a bölcsesség által, akkor Durjódhana, vagy Anyagi Vágy király követőjéül szegődik. Így aztán, ha az áhítatos hívő még nem aratott diadalt a kuruksetrai csatában, akkor Dróna, avagy a rossz szokások befolyásolta értelem a Kuruk, vagyis a gonosz elmeirányultságok oldalára áll, és nekik nyújt segítséget, hogy az átütő gonoszság nyílvesszőit az ítélőképesség erői ellen irányozzák.

❖ ❖ ❖

Összefoglalva, az elsődleges gyakorlati torzulás, amely az ego-tudattal és hat fogyatékosságával együtt jár, az egyre erősödő kényszer, hogy az ember megfeledkezzen Énjéről – a lélekről – és annak kifejezéséről, kinyilvánításáról és követelményeiről; s konokul hajlamossá váljon arra, hogy az ego kielégíthetetlen „szükségleteinek" hajszolásába vesse magát.

Lélektani szempontból az ego-tudat egy hamis személyiség átvitele és beültetése lényünkbe. Múlhatatlanul szükséges, hogy világosan felismerjük és porig romboljuk az ego-tudat és különböző irányultságai által alkotott védműveket, ugyanis ezek eleve kizárják, hogy bensőséges viszonyba kerülhessünk valódi Énünkkel.

A spirituálisan törekvő jóginak mindig szem előtt kell tartania, valahányszor haragosnak érzi magát, hogy: „Ez nem én vagyok!" Amikor önuralmát elsöpri a kéjvágy vagy a mohóság, azt kell mondania magának: „Ez nem én vagyok!" Amikor a gyűlölet megpróbálja eltakarni valódi természetét a rút érzelmek maszkjával, erélyesen el kell határolnia magát tőle: „Ez nem én vagyok!" A jógi megtanulja, miként zárja rá tudata kapuit bármely nemkívánatos látogatóra, aki szállást keres nála. És valahányszor az áhítatos hívőt mások kihasználták, és rútul elbántak vele, ő bensőjében mégis a megbocsátás és szeretet szent szellemiségének rezdülését érzi, és meggyőződéssel jelentheti ki: *„Ez én vagyok! Ez az én valódi természetem."*

A jógameditáció az a folyamat, amellyel az ember kifejleszti és állandósítja valódi természetének tudatosságát pontosan meghatározott spirituális és pszichofizikai módszerek és törvények révén, miáltal a szűklátókörű egót, az örökletesen gyarló emberi tudatot a lélek tudata váltja fel.*

❖ ❖ ❖

Esténként, mielőtt nyugovóra térne, minden egyes világi személynek, moralistának, spirituális törekvéseket tápláló embernek és jóginak – amilyen az áhítatos hívő –, fel kell tennie intuitív bölcsességének a kérdést, hogy vajon spirituális képességei vagy fizikai hajlamai és kísértései nyerték-e meg az aznapi csatát, amely a következők között dúl:

- a jó és a rossz szokások között;
- a mértékletesség és a mohóság között;
- az önuralom és a kéjvágy között;
- a szükséges anyagi eszközök tisztességes óhajtása és a vagyon utáni szertelen sóvárgás között;
- a megbocsátás és a harag között;
- az öröm és a bánat között;
- a mogorvaság és a kedélyesség között;
- a jóság és a kegyetlenség között;
- az önzés és az önzetlenség között;

---

* A lélek-tudatát ébresztgető ember által kinyilvánított nemes tulajdonságokat az Úr Krisna a Bhagavad-gíta XVI. fejezetének nyitó verseiben írja le. Lásd 147. old.

- a megértés és a féltékenység között;
- a bátorság és a gyávaság között;
- az önbizalom és a félelem között;
- a hit és a kétely között;
- az alázat és a büszkeség között;
- az Istennel egyesülés vágya meditációban és a sürgető késztetés a világi tevékenységekre között;
- a spirituális és az anyagi vágyak között;
- az isteni elragadtatás és az érzéki észleletek között;
- a lélek-tudat és az egoizmus között.

5. FEJEZET

A lélek diadala a jóga gyakorlása révén

[A Bhagavad-gíta VI:5-6. versében az Úr Krisna ilyen tanácsokat ad Ardzsunának:]

> *„Tulajdon énjével emelje fel az ember az ént (egót); ne hagyja, hogy énjét önmaga fokozza le (vesse a mélybe). Az én valóban önmaga barátja; ám az én egyben önmaga ellensége is.*
>
> *Akinél az Én (lélek) legyőzte az ént (ego), annál az Én az énnek barátja; ám bizony mondom, akinek énje nincs leigázva, annak énjével az Én ellenségesen, ellenlábasként viselkedik."*

Az ember testi egójának, tevékeny tudatának fel kell emelnie a test-azonosult ént a lélekkel, valódi természetével alkotott egységbe; nem szabad engednie, hogy továbbra is az érzékek és a kusza anyagi lét alantas és csalóka posványának rétegeiben dagonyázzon. Az ego saját legjobb barátjaként cselekszik, amikor a meditáció és veleszületett lelki tulajdonságai gyakorlása révén átszellemíti önmagát, míg végül vissza nem nyeri saját valódi lélek-természetét. És megfordítva, a fizikai ego önmaga legádázabb ellenségeként jár el, ha álságos és anyagias viselkedésével elhomályosítja saját valódi természetét az örökkön áldott lélekként.

Amikor a fizikai ego (a tevékeny tudat) átszellemült és egyesült a lélekkel, s a lélek józan ítéletű bölcsességétől vezérelve immár képes ellenőrzése alatt tartani az értelmet, az elmét és az érzékeket – vagyis amikor „az Én (lélek) legyőzte az ént (ego)" –, akkor a lélek a tevékeny fizikai tudat barátja, tanácsadója és jótevője.

Ha azonban az alacsonyabb rendű ego-ént nem sikerült ekképp ellenőrzés alá vonni, és az továbbra is konokul az anyag felé fordítja a tudatot, akkor a lélek az ego ellensége. Ez híven megfelel a Bhagavad gíta első fejezetében leírt allegóriának: Krisna (a lélek) barátja és tanácsadója spirituális törekvéseiben

az áhítatos hívő Ardzsunának, s nemkülönben az isteni tulajdonságokkal ékes
Pándava seregnek; következésképpen Krisna (a lélek) ellensége (ellenlábasa)
Durjódhana anyagias hajlamokat felsorakoztató Kaurava-hadseregének, amely
Bhísma (az ego) vezérlete alatt áll.

Az egóval „ellenséges" lélek megtagadja a békesség és maradandó boldog-
ság áldásait, közben pedig az ego tudatlanságában önmaga ellenségeként visel-
kedve működésbe hozza a Természet boldogtalanságot szülő karmikus erőit.
Mivel nélkülözi a lélek védelmének jótéteményeit a *májá* világában, az ego
legnagyobb sajnálatára azon veszi észre magát, hogy a valódi lélek-természete
ellen irányuló cselekedetei sorra visszaütnek rá, akár a bumeráng, s szertefosz-
latják a boldogságról és beteljesedésről szőtt egyre újabb ábrándjait.

E két tömör vers szövegében az átman („én") szó tizenkét ízben fordul
elő egy olyan kétértelmű szerkezetben, ami lehetővé teszi a „lélek" és az „ego"
(ál-lélek) jelentések cserélgetését – klasszikus példája ez az indiai szentírásokra
oly jellemző kétosztatúságnak. Ahogyan a fenti szövegmagyarázatból kitűnt, a
lélek és *ego* szavak elmés összefonódása ebben az esetben az igazság egy olyan
vezérfonalát adja a kezünkbe, amely a Bhagavad-gíta egész szövetén végigfut:
az ember inkább emelkedjen fel, semmint hogy lefokozza önmagát; alakítsa át
énjét (egóját) az Énné (lélek). Az Én barátja az átalakult, ám ellensége a meg
nem javult énnek.

❖ ❖ ❖

[Srí Krisna a VI:46 versben így folytatja:]

> *„A jógit többre tartják, mint a testét sanyargató aszkétát, többre még a
> bölcsesség vagy a cselekvés útjának követőinél is; légy hát magad is jógi, ó,
> Ardzsuna!"*

Különböző módszereket és kerülőutakat illetnek a jóga névvel: ott a *Kar-
ma-jóga* (a jó cselekedetek útja); a *Dzsnyána-jóga* (a józan ítélőképesség jógá-
ja), a *Bhakti-jóga* (az imádság és áhítat jógája); a *Mantra-jóga* (a gyökérhangok
kántálása és éneklése révén elért Isteni egyesülés útja); a *Laja-jóga* (az út, amely
megtanít, miként foszlassuk szét egónkat a Végtelenben) és a *Hatha-jóga* (a
testi gyakorlatok útja). A *Rádzsa-jóga*, s kiváltképpen a *Krijá-jóga* valamennyi
jógamódszer kvintesszenciája, az az út, amelyet különös előszeretettel válasz-
tottak a királyi bölcsek és a nagy jógik az ősi Indiában.

Rádzsa-jóga: a legnemesebb út

Itt az Úr maga dicsőíti a jóga királyi útját a legnemesebbként valamennyi spirituális út között, a tudományos módszert alkalmazó jógit pedig bármely más út követőjénél nagyobbként.

A valódi *Krijá-jóga* módszere (életerőszabályozás) korántsem kerülőút, hanem a közvetlen főút, a legrövidebb útvonal az isteni feleszméléshez, amely megtanítja az embert az ég felé emelkedni azáltal, hogy végigvezeti az egót, az elmét és az életerőt ugyanazon a hátgerinci csatornán, amelyet a lélek használt, amikor eredendően aláereszkedett a testbe.

A Szellem mint lélek a finom agy-hátgerinci központokon át szállt alá az agyba és a gerinci fonatokba, az idegrendszerbe, az érzékekbe és a test többi részébe, hogy azután az ál-lélekként vagy egóként tévelyegjen. Test-azonosult állapotban az ego egyre mélyebben belebonyolódik az anyagi világba és annak ügyeibe. Tehát felemelkedésre kell késztetni ugyanazon a hátgerinci útvonalon, amíg csak fel nem ismeri valódi Énjét a lélekként, s e lélek újra nem egyesül a Szellemmel.

A jóga rávilágít, hogy ez a hátgerinci út az egyetlen egyenes főút, amelyet valamennyi földre szállt halandó lénynek követnie kell a megszabaduláshoz vezető, végső felemelkedése során. Minden más út – vagyis mindazok, amelyek a *tapaszja* (testi és elmebeli önfegyelmi gyakorlatok) végzésére, a szentírások elméleti tudásanyagának elsajátítására (az ítélőképesség révén szerzett bölcsességre), vagy a jó cselekedetek végrehajtására helyezik a hangsúlyt – csupán mellékútvonal, amely egy bizonyos ponton becsatlakozik a gyakorlati jóga egyenesen a megszabadulás felé vezető főútjába.

A külvilágról való lemondás, a szentírások tanulmányozása és mások szolgálata kerülőutak

Az aszkéta, aki buzgón sanyargatja testét, szigorú fegyelmi gyakorlatoknak vetve alá, talán bizonyos mértékű uralomra tesz szert fizikai szervrendszerei felett, azonban a testtartások puszta gyakorlása, a hideg és hőség elviselése, s a szomorúsággal és örömmel szemben tanúsított ellenállás – a Kozmikus tudatra való egyidejű összpontosítás nélkül – csupán tekervényes kerülőút az elme feletti uralom megszerzéséhez, ami az Istennel történő egyesüléshez szükséges. A jógi közvetlenül valósítja meg az eggyé válást az Úrral azáltal, hogy tudatát visszavonja az érzékektől és az idegrendszertől, a hátgerinctől és az agytól, és

Isten ismeretének birtokában lévő lelkével egyesíti. Sok áhítatos hívőt olyannyira leköt a külsődleges aszketizmus előírásainak követése és az önmegtagadás, hogy megfeledkezik róla, hogy az ilyesfajta önfegyelmi gyakorlatok célja csakis a Végtelennel való elragadtatott egyesülés lehet.

Miközben a szentírások tudós bölcselője szavakat és gondolatokat boncolgat eszének szikéjével, olyannyira beleszerethet az elméleti tudásba és a bölcsesség gondolati úton végzett ízekre szedésébe, hogy az igazság mennyei elragadtatásban történő megtapasztalásának hiánya egészen „kiszikkaszthatja". Ha egy bizonyos személy egész életét a víz tulajdonságainak elemzésével és a világ különböző forrásaiból származó vizek vizsgálatával tölti, azzal még nem csillapítja szomjúságát. A szomjas ember kiválaszt egy finom ivóvizet anélkül, hogy a kémiai összetevőin törné a fejét, s nagyot kortyolván belőle elégedettség tölti el. Egy mélyebb beavatást nem szerzett *dzsnyána-jógi* – az ítéletalkotó józan ész útjának követője – elolvashatja és kielemezheti az összes szentírást anélkül, hogy lelkének szomjúságát oltaná.

A szentírások elméleti ismerete gyakran kelti azt a meggyőződést az emberekben, hogy ismerik az igazságot, amikor erről valójában szó sincs. Az ember kizárólag az Istennel, „Minden Tudás Könyvtárával" való egyesülés révén ismerheti meg valamennyi igazságot a maga teljességében anélkül, hogy a szentírások elméleti megértésével és félreértésével vesztegetné az idejét. Ez az oka annak, hogy széles szakadék tátonghat a szentírásolvasók és ama feleszmélt emberek között, akik maguk is a szentírások igazságainak megtestesítői.

A farizeusok szíves-örömest keresztre feszíttették Jézust, mivel félelemmel eltelve úgy vélték, hogy fenyegetést jelent a tekintélyükre nézve, lévén ő ténylegesen felfogta azokat az igazságokat, amelyeket maguk a farizeusok csupán elméletben ismertek.

Végül pedig a jógit a cselekvés útjának emberénél is többre tartják. A hittérítő, a szociális munkás, a jóakaratú egyén, aki az „aranyszabálynak" megfelelően bánik másokkal, a tanítómester, aki igyekszik átadni tanítványainak az Istennel való egyesülés technikáit – mindezek kétségkívül jó cselekedeteket hajtanak végre. Ha azonban nem szentelik magukat annak a belső tudománynak is, amely révén a saját tapasztalatuk alapján ismerhetik meg Istent, akkor sosem részesülnek a mennyei feleszmélésben.

Ezért meditál és összpontosít a jógi az elragadtatottság elérésére. Amíg el nem jut az Istennel való benső összehangoltság állapotáig, addig elvégzi ugyan kötelezettségeit, de nem engedi figyelmét túl sok külső tevékenységgel elterelni azon az áron, hogy megfeledkezzen Istenről.

A jógi a legmagasabb rendű módon tanít és szolgál másokat – a saját ösztönző életével; egy olyan példával, amely mindenkor ékesebben szól bármilyen szónál. Alakítsd újjá önmagad, és ezrek életét fogod megújítani. Istenről megfeledkezni a legnagyobb bűn. Az Istennel való egyesülés a legnagyobb erény.

A szentírások mértékletes tanulmányozása a bennük foglalt igazságok gyakorlásának múlhatatlan vágyától hajtva kívánatos a jóga útján. Úgyszintén hasznos lemondani a bonyodalmas világi ügyekről az Istennel való egyesülés végett. A kötelességszerű cselekvések elvégzése, amelyekkel kielégítjük saját szükségleteinket, jó szolgálatot teszünk másoknak, és felemeljük őket, jótékony egyensúlyt teremt a jógi életében.

A Rádzsa-jóga a vallásgyakorlat valamennyi formájának igazi betetőzése

A lemondás, bölcsesség és cselekvés útját kétféleképpen lehet követni: a külvilágban és önmagunkban. Aki a külső dolgokról való lemondásra összpontosít, az felszínes önmegtagadó. Az a *tapaszvin* [aszkéta] ellenben, aki szertefoszlatja összes benső vágyát, és elszakítja minden kötődését, miközben távol tartja elméjét az érzéki kísértésektől, az ezoterikus lemondás embere.

Hasonlóképpen a bölcsesség útjának (*Dzsnyána-jóga*) külsődleges követője is teljesen belemerül a szentírások talányainak megfejtésébe, és bizonyos szószerkezetek elemzésébe. Az ezoterikus *dzsnyánin* a Védanta-bölcselet szerint az a személy, aki nem csupán meghallgatja a szentírások igazságait, és felfogja jelentésüket az elméjével, de a teljes azonosulás útján eggyé is válik velük. Következésképpen a spirituális feleszmélés Védanta szerinti útja meghallgatni a szentírások igazságát (*sravanam*), majd felfogni azt (*mananam*), végül pedig eggyé válni vele (*nididhjászanam*).

A jó cselekedeteket végrehajtó személy a külsődleges *karma-jógi*. A legmagasabb rendű cselekedetet ellenben a jógameditáció gyakorlója hajtja végre; ő az ezoterikus *karmin*. Az a személy pedig, aki a *Krijá-jógát*, az Istennel történő kapcsolatba lépés legmagasabb rendű technikáját végzi vagy gyakorolja, a *rádzsa-jógi* vagy a királyi *Krijá-jógi*, aki megvalósítja a felemelkedést, és ekként a legnagyobb jógik közé tartozik.

Krijá-jóga: a Rádzsa-jóga lényegi technikája

E strófa egy másik értelmezését Láhíri Mahásaja adta: Amikor egy jógi a *Krijá-jógát* gyakorolja, visszavonva elméjét az érzékektől azáltal, hogy kikapcsolja az életerő áramát az öt érzék telefonkészülékéből, akkor beszélnek róla a *Karma-jóga* útjának követőjeként; ő az igazi *karmin*. Az Istennel való egyesülésre tett kísérletek e korábbi szakaszában különböző spirituális tevékenységeket kell végeznie, amilyen a helyes légzés, az életerő-szabályozás és a figyelemelterelő tényezők leküzdése összpontosítás révén. Következésképpen az illetőt az ezoterikus *Karma-jóga* útjának követőjeként emlegetik. Ebben az állapotban a jógi a cselekedeteivel azonosul; ő a *karmin*.

Amikor a jógi képessé vált rá, hogy meglássa a spirituális fényt a *Kutaszthában* vagy Krisztus-központban a szemöldökök között, és visszavonja életerejét az öt érzék-telefonkészülék idegi hálózatából, akkor belép az ezoterikus *tapaszja*-állapotba (aszketikus lemondás). Az érzékekről lekapcsolt elméje ekkor az ezoterikus lemondás állapotában leledzik; az ilyen ember a *tapaszvin*.

Midőn a jógi immár arra is képessé válik, hogy egyesítse elméjét lelke bölcsességével és üdvös boldogságával, akkor az ezoterikus *Dzsnyána-jóga* követője lesz. Ezt a jógi *dzsnyánin*-állapotának nevezik.

Az utolsó magasrendű szakaszban, amikor a lélek mindennemű testi és világi tudattól szabadon egyesül az áldott Kozmikus Szellemmel, az áhítatos hívőt az ezoterikus *rádzsa-jógi*nak nevezik. A végső jóga eme állapota, avagy lélek és Szellem egyesülése a legmagasztosabb; megvalósítója a valódi jógi. Az ilyen személy magasabb spirituális síkokra emelkedett, mint akik csak a *tapaszvin, karmin* vagy *dzsnyánin* állapotát érték el. A valódi jógi megismeri Istent az örökké létező, örökkön tudatos, szüntelenül megújuló Üdvös Boldogságként; s a teremtés egészét Isten álmaiként észleli.

A *Krijá-jóga* útja azért kiemelkedő és tudományos, mert megtanít annak pontos módszerére, miként vonhatjuk vissza az elmét az érzékektől az életerő áramának lekapcsolásával az öt érzék-telefonkészülékről. A meditáló személy csakis akkor léphet be az Istennel való egyesülés benső templomába, amikor végigment a befelé fordulás e folyamatán. Más szóval a *Krijá-jógi* egy csalhatatlan és egyértelmű módszert követ, amelynek révén nem csupán az elméjét, de az életerejét is végigvezeti a hátgerinc-csatornán, hogy egyesítse a lélekkel. Azután a legmagasabb rendű elragadtatással eltelve egyesíti lelkét a Szellemmel.

A *Krijá-jóga* – amire a szentírásokban *Kevalí Pránajámá*ként* tesznek köz-
vetett utalást – a valódi *pránajáma*, amelyben a be- és kiáramló lélegzet befelé
fordított életerővé alakul át az elme teljes ellenőrzése alatt. A *pránának* a léleg-
zetből történő kiszűrése, és a légzést szabályozó élet-áramlatok semlegesítése
révén a test valamennyi sejtje maradéktalanul újra feltöltődik a feldúsult testi
életerővel és a Kozmikus Élettel; ekként a fizikai sejtek nem változnak és nem
is indulnak hanyatlásnak. A *Krijá-jóga* alkalmas gyakorlat bármely őszinte is-
tenkereső számára, aki nem szenved súlyos akut betegségben, és mindennapi
életében betartja a sarkalatos erkölcsi előírásokat.†

Valamennyi jelentős vallás teológiája közös alapon nyugszik: Isten meg-
találásán. Azonban a vallási igazság gyakorlati feleszmélés híján szükségkép-
pen behatárolt értékű. Hogyan is vezethetné a vak a világtalant? Kevesen értik
olyan mélyrehatóan a Bhagavad-gítát, ahogyan az írója, Vjásza értette műve
igazságait! Kevesen vannak tisztában oly világosan Krisztus szavaival, ahogyan
ő értette őket!

Vjásza, Krisztus, Bábádzsí és az összes többi, tökéletességig eljutott mester
ugyanazt az igazságot fogta fel. Persze különbözőképpen és más-más nyelve-
ken írták le, de én a Bhagavad-gíta és az Újszövetség tanulmányozása során
felismertem jelentésbeli azonosságukat…

Ha maradéktalanul meg akarja érteni a Bhagavad-gítát és a Bibliát, a spi-
rituális törekvéseket tápláló személynek meg kell tanulnia, miként juthat el az
elragadtatottság állapotába, és válhat eggyé Vjászával és Krisztussal a Kozmi-
kus Tudat révén.

Ahogyan a világ összes egyetemén ugyanazokat a tudományos elveket ok-
tatják, amelyek a gyakorlati alkalmazás során jól bizonyíthatók, éppúgy vala-
mennyi igaz vallási iskola – ha a jóga útját követné – tudatában volna, hogy
ez az egyetlen tudományos főút a Végtelenhez. Ezért kellene minden ember-
nek Istennel egyesült jógivá lennie. A Bhagavad-gíta e strófájában Isten hangja
tettre szólító kürtjelként harsan fel valamennyi, spirituális törekvéseket tápláló
személyhez: Váljatok jógivá!

---

* Magyarázatát lásd: *Isten szavai Ardzsunához,* IV. fejezet, 29. vers.

† A *Krijá-jóga* tényleges technikáival kapcsolatos részletes útmutatásokat kínálunk a *Self-Realization
Fellowship Lessons* című kiadványunk tanulmányozóinak, akik sikerrel elsajátítanak bizonyos előzetes
spirituális tudásanyagot. Lásd 173. oldal.

Lélekkirály uralma a test átszellemített birodalmában

Minél mélyebb meditációba merül a jógi, és minél inkább képes belekapaszkodni az elmélyülés közben felébredt lélek-erények és észleletek utóhatásaiba, s mindennapi életébe is átültetni ezeket, annál átszellemültebbé válik testi királysága. Kibontakozó Önmegvalósítás nem más, mint Lélekkirály uralmának diadalmas visszaállítása.

Lenyűgöző változások mennek végbe a hétköznapi emberben, amikor Lélekkirály és az intuícióból, békességből, üdvös boldogságból, nyugalomból, önuralomból, életerő-szabályozásból, akaraterőből, összpontosításból, józan ítélőképességből, mindentudásból álló nemes udvartartása veszik kezükbe a testi királyság irányítását!

A jógi, aki megnyerte a tudat ütközetét, leküzdötte a tévútra vezetett ego ragaszkodását az olyasféle emberi meghatározásokhoz, mint „amerikai férfi vagyok, ennyi és ennyi kilogramm testsúllyal, ebből és ebből a városból származó milliomos", és így tovább, s szabadon bocsátotta a bekorlátozó káprázatok börtönében sínylődő figyelmét. Megszabadult figyelme, amely korábban csak az érzékek elégtelen külső keresőfényeinek segítségével észlelte a teremtést, most visszavonul egy határtalan királyságba, amelyet csak benső észlelésének keresőfényeivel láthat… Észlelésének e befelé fordított keresőfényei a jógi elé tárják a teremtés egészében ott lakozó, örökké gyönyörűséges, örökké örömteli Szellem rejtekhelyét…

Az ember, aki patyolattiszta kezébe kapja isteni testkirályságának egészét, többé már nem behatárolt ego-tudattal rendelkező emberi lény. Immár valóban ő a lélek, az egyénített, örökké létező, örökkön tudatos, szüntelenül megújuló Üdvös Boldogság, a Szellem színtiszta tükörképe, kozmikus tudattal felruházva…

Igaz, intuitív képességével megérzi az örökké felpezsgő Üdvös Boldogságot, amely aprócska testének minden egyes részecskéjében, hatalmas Kozmikus Testében, a világmindenségben, és a megnyilvánuló formákon túli Örökkévaló Szellemmel azonos abszolút természetében egyaránt ott táncol…

Ez az Önmagunkra eszmélés, az ember őseredeti állapota lélekként, a Szellem színtiszta tükörképeként. Az egyéniség káprázatató képernyőjén a megtestesülések álomképei peregnek; valójában azonban az ember soha egyetlen pillanatra sem szakad el Istentől. Mi vagyunk az Ő gondolata; Ő a mi lényünk. Őbelőle származunk. Benne kell élnünk az Ő bölcsességének, szeretetének és örömének megnyilvánulásaként. Őbenne, az örökkévaló Üdvös Boldogság szüntelenül éber álomtalanságában kell felolvadnia újfent ego-természetünknek.

❖ ❖ ❖

Jelképes értelemben tehát ez a jelenet az, amivel a Bhagavad-gíta párbeszéde kezdődik: az ember lélek-tudata – ráeszmélése az örökkévaló, mindenekre üdvös boldogságot sugárzó Szellemmel alkotott egységére – különböző fokozatokon át aláereszkedett a halandó test-tudatba.* Az érzékek és a világtalan elme, illetve a színtiszta ítélőképesség egyaránt a testi királyságban uralkodnak; dúl is a szüntelen háborúskodás az anyagi érzékek erői (amelyek a külvilág gyönyörűségeinek hajszolására buzdítják a tudatot), és a színtiszta ítéletalkotó képesség között, amely igyekszik visszatéríteni az ember tudatát a lélekre eszméltség őseredeti állapotához…

Minden egyes embernek meg kell vívnia a maga kuruksetrai csatáját. Olyan ütközet ez, amelyet nem pusztán érdemes, hanem a világmindenség és a lélek, illetve Isten közötti örökkévaló kapcsolat mennyei rendje szerint előbb vagy utóbb muszáj is megnyerni.

A szent Bhagavad-gítában e diadalt leghamarabb és legbiztosabban az az áhítatos hívő vívhatja ki, aki a jóga-meditáció isteni tudományának kitartó gyakorlása révén Ardzsunához hasonlóan megtanul fülelni a Szellem bölcsességének bensőjében felcsendülő énekére.

---

* Ezt Sántanu, a feleségei és leszármazottai jelképezik – lásd a 6. oldalon leírtakat. Mint az előszóban említettük, a Bhagavad-gíta számos verse a szó szoros értelmében vett jelentésen túl mélyebb, jelképes értelemmel is bír. Az előzőekben bemutatott jelképiség módot ad az olvasónak arra, hogy sok versben világosan felfogja a rejtett, képletes jelentéseket, miközben a II. részben található fordítást olvassa. Más versek szó szerinti jelentése – amelyek ismertetésére e rövid műben nem kerülhetett sor – könnyen átlátható ugyan, maradéktalan megértésük végett azonban érdemes áttanulmányozni Paramahansza Jógánanda *Isten szavai Ardzsunához* című szövegmagyarázatát. (A Kiadó jegyzete)

II. RÉSZ

—◆◆◆—

A Bhagavad-Gíta

Paramahansza Jógánanda

eredeti fordításában

—◆◆◆—

MEGJEGYZÉS: Az Úr Krisnára és tanítványára, Ardzsunára a Bhagavad-gíta párbeszéde során számos különböző díszítő jelzővel hivatkoznak, mint például Késava (Krisna) avagy Pártha (Ardzsuna). Az egyes díszítő jelzők jelentését a 158–159. oldalon található listában tüntettük fel. Annak okát, hogy egy bizonyos díszítő jelzőt miért egy adott versben alkalmaznak (valamely filozófiai mondanivaló tolmácsolására), Paramahansza Jógánanda a szóban forgó versek szövegmagyarázatánál fejti ki *Isten szavai Ardzsunához* című művében. *(A Kiadó jegyzete)*

Szandzsaja (az elfogulatlan önvizsgálat képességének jelképe) tudósítja a vak Dhritarástra királyt (az alacsonyabb rendű érzéki elmét) a kuruksetrai csata – az anyagi tudatlanság lélektani erői, illetve a magasabb ítélőképességű elme és lélek erői között folyó küzdelem – eseményeiről.

Ardzsuna elcsüggedése

A spirituális és anyagi erők szembenálló seregei

Dhritarástra mondá:

Ó, Szandzsaja, mit műveltek utódaim és Pándu fiai, midőn harcra szomjazván összegyűltek Kuruksetra szent síkján (*dharmaksetra kuruksetra*)?   1

Szandzsaja mondá:

Ekkor Durjódhana király, végignézvén a Pándavák csatarendbe állított seregén, oktatójához (Drónához) fordult, s ekképpen szólott: 2

Ó, Tanítóm, tekints Pándu fiainak hatalmas seregére, melyet a te tehetséges tanítványod, Drupada fia állított csatarendbe.   3

Vitéz hősök vannak itt jelen, páratlan íjászok, csatában oly ügyesek, miként Bhíma és Ardzsuna – a sokat próbált harcosok, Jujudhána, Viráta és Drupada; a hatalmas Dhristakétu, Csékitána és Kásírádzsa; Purudzsit, kiváló az emberek között; és Kuntibhódzsa és Saibja; az erős Judhámanju, a merész Uttamaudzsasz, Szubhadrá fia és Draupadí fiai – mind nagy harcíszekerező urak.*   4-6

Figyelmezz, ó Virága a kétszer születettnek (Bráhminok legjelesebbike) seregem hadvezéreire is, kik oly igen kiválók körünkben: most óróluk szólok a te tudósításodra.   7

Íme, e harcosok: Te magad (Dróna), Bhísma és Karna, és Kripa – a csatákban diadalmas; Asvattháman és Vikarna, Szómadatta fia és Dzsajadratha. 8

---

* *Mahāratha*, „nagy szekérharcos" (*mahā*, a *mahat* azaz „nagy, úri, királyi" tőből; és *ratha*, vagyis „szekér, harcos") olyan embert jelöl, aki magasan képzett a haditudományban, több ezer embernek parancsol, és egy szál maga képes megküzdeni egyszerre tízezer íjásszal.

És számos hős van még itt jelen, mind csatában jártas és vitéz fegy-
verforgató, ki kedvemért kész lemondani életéről. 9

Bhísma oltalma alatt álló haderőnk korlátlan (mégis elégtelennek bi-
zonyulhat); míg az ő seregük, mit Bhíma védelmez, korlátozott (bár fe-
lettébb ütőképes).* 10

Oltalmazzátok hát Bhísmát ti mindnyájan, ahogyan a sereg
hadosztályaiban a kellő rendben felálltatok. 11

Bhísma Nagyúr, a Kuruk legvénebbje s leghatalmasabbja messze
hangzó oroszlánbömböléssel megfújta csigakürtjét, Durjódhana szívét
felvidítandó. 12

Majd egyszeriben (Bhísma jeladását követve) felhangzott a
csigakürtök, üstdobok, cintányérok, pergődobok és szarvtülök trombiták
zsivajgó kórusa (a Kuruk oldalán); rémítő lárma kélt. 13

Ekkor fehér lovak vonta, nagy harci szekerükön ülve Mádhava (Krisna)
és Pándava (Ardzsuna) is fenségesen megfútta mennyei csigakürtjét. 14

Hrisíkésa (Krisna) belefújt a Páncsadzsanjába; Dhanandzsaja
(Ardzsuna) az ő Dévadattájába; Vrikódara (Bhíma) pedig, a rettenetes
megzengette nagy Paundra-csigakürtjét. 15

Judhisthira király, Kuntí fia, megfújta az Anantavidzsáját; Nakula és
Szahadéva sorban a Szughósát és a Manipuspákát. 16

Kásí királya, a kitűnő íjász; Sikhandí, a vitéz harcos; Dhristadjumna,
Viráta, a győzhetetlen Szátjaki, Drupada, Draupadí fiai, és Szubhadrá
erőskarú fia mind-mind belefúttak a maguk csigakürtjébe, Ó, Földnek
Ura. 17–18

Eget-földet rengető, iszonyú harsogás járta át a Dhritarástra-nemzet-
ség szívét. 19

---

* A szanszkrit *aparyāptam* és *paryāptam* szavak nem csupán annyit jelentenek, hogy „korlátlan", illetve
„korlátozott", hanem hallgatólagosan bennük rejlik az ellentétes „elégtelen vagy alkalmatlan", illetve „elég-
séges és alkalmas" értelem is. Bármelyik fordítás védhető, ha a szándék egyértelműen kiviláglik. Megfele-
lően alkalmazva az igazság egyetlen princípiuma – lévén feltétlen és örökkévaló – is képes szétszórni a go-
nosz hajlamok egész hordáját, amelyek viszonylagos léte a káprázat tünékeny jellegén alapul.

Az áhítatos hívő szemügyre veszi az elpusztítandó ellenséget

Végigpillantván a harcra kész Dhritarástra-dinasztián, Pándava (Ardzsuna), akinek lobogóján a majom díszlik, felemelte íját, és megszólította Hrisíkésát (Krisnát).   20

Ardzsuna mondá:

Ó, Változhatatlan Krisna, kérlek, állítsd szekeremet a két sereg közé, hogy megszemlélhessem a csatarendben felsorakozottakat. E küzdelem előestéjén hadd lám, kikkel kell megküzdenem!   21-22

Itt, ezen a mezőn (Kuruksetra mezején) szemügyre kívánom venni mindazokat, akik abbéli szándékkal sereglettek össze, hogy Dhritarástra gonosz fiának (Durjódhana) oldalán harcoljanak.   23

Szandzsaja mondá (Dhritarástrának):

Ó, Bhárata leszármazottja, Gudákésa (Ardzsuna) kívánságára Hrisíkésa (Krisna) a két sereg közötti pontra hajtotta a harci szekerek e

---

A csigakürtök hangzásának jóga-jelképisége

E versekben hivatkozás történik ama sajátos, rezgő hangokra (a különböző Pándava harcosok csigakürtjeinek hangjára), amelyeket a meditáló hívő hall kiáradni a gerinc és a nyúltagy asztrális központjaiból. A *Pránava*, a teremtő *Aum*-rezgés hangja minden hangok ősanyja. Az *Aum* intelligens kozmikus energiája, amely Istenből árad ki, és Isten megnyilvánulása, minden anyag megalkotója és szubsztanciája. Ez a szent rezgés az összekötő kapocs anyag és Szellem között. Az *Aum*-hangon való elmélkedés útján eszmélhetünk rá a teremtett világ Szellem-lényegére. Amikor a jógi bensőjében követi a *Pránava* hangját forrásáig, tudata a magasba emelkedik Istenhez.

Az emberi test mikrokozmikus világmindenségében az *Aum*-rezgés áthatja az élet asztrális gerincközpontjainak létfontosságú működéseit a föld, a víz, a tűz, a levegő és az éter teremtő rezgési elemeivel (*tattvák*). Az ember teste ezeken keresztül jön létre, elevenedik meg, és marad fenn. E rezgések a *Pránava* jellegzetes változatait bocsátják ki magukból működés közben. Az áhítatos hívő, akinek tudata [a jógameditáció technikái révén] ráhangolódik ezekre a benső, asztrális hangokra, azon veszi észre magát, hogy fokozatosan az eszmélés magasabb állapotaiba emelkedik.

legkiválóbbikát, s Bhísma, Dróna és a föld összes uralkodói színe előtt ekképpen szólott: „Nézd hát, Pártha (Ardzsuna) a Kuruk egybesereglett gyülekezetét!"   24-25

Pártha (Ardzsuna) ott megállván végigpillantott a nagyatyákon, atyákon, apósokon, nagybácsikon, fivéreken és unokaöcsökön, az unokákon s a bajtársakon, barátokon és tanítókon.   26

Ardzsuna megtagadja a harcot

Végigtekintvén mindeme rokonokon, kik felsorakoztak előtte, Kuntí fiát (Ardzsunát) mélységes szánalom töltötte el, s gyötrelmes bánattal így szólt: 27

Ó, Krisna, látván rokonaimat, kik harci vágytól tüzelve összesereglettek, tagjaim elerőtlenednek, s a szám kiszárad. Egész testemben remegek; s hajam is égnek mered. A szent Gándíva-íj kicsúszik markomból, és a bőröm tűzben ég. Még csak lábamon állni sem bírok. Elmém kóvályog; és, ó, Késava (Krisna), baljós előjeleket látok.   28-30

Ó, Krisna, nem is fakadhat abból semmi jó, ha saját atyámfiait mészárolom le a harcban. Nem áhítozom sem diadalra, sem királyságra, sem gyönyörökre!   31

Mi hasznunk az uralkodói hatalomból; mi végre a boldogság vagy akár a hosszú élet, ó, Góvinda (Krisna)? Hiszen épp azok állnak itt csatára készen, készen arra, hogy lemondjanak vagyonukról s életükről egyaránt, akik kedvéért birodalomra, élvezetre, gyönyörűségre vágynánk – a tanítók, az atyák, a fiak, a nagyatyák, a nagybácsik, az apósok, az unokák, a sógorok és más atyafiak.   32-34

Még ha e rokonaim megkísértenék is, hogy elpusztítsanak, ó, Madhuszúdana (Krisna), én azért nem kívánnám halálukat, még a három világ feletti uralomért sem, nemhogy a föld evilági tartományának kedvéért!* 35

---

* A „három világ" kifejezés a kozmosz hármas, kauzális (szellemi), asztrális (energia-) és fizikai (anyagi) természetére utal. Isten szelleme erejével teremtette meg az anyagot; azután a kauzális eszméket az asztrális vagy energia-világmindenségként nyilvánította ki; végül pedig az asztrális életronokat a látható világmindenség formáiba ömlesztette... A fizikai világ valójában nem egyéb, mint élettelen anyag. Az atomtól az emberig minden formában benne rejlő élet és elevenség az asztrális világ kifinomult erőiből fakad. Ezek viszont maguk is a kauzális teremtés vagy az ideák világának még kifinomultabb erőiből alakultak ki, a teremtő gondolatrezgésekből, amelyek Isten tudatából kiáradnak.

Mi boldogságunk fakadna, ó, Dzsanárdana (Krisna), Dhritarástra nemzetségének kiirtásából? E gonosztevők lemészárlásával csak mi magunk kerülnénk a bűn karmai közé. 36

Ekként nincs jogunk rá, hogy eltöröljük önnön rokonainkat, Dhritarástra sarjait a föld színéről. Ó, Mádhava (Krisna), ugyan miként is lehetnénk boldogok, ha saját atyafiságunkat gyilkolnánk le? 37

Még ha ezek (a Kuruk), kiknek értelmét kapzsiság homályosítja el, nem látják is, mily vészterhes tett romlásba dönteni családokat, és mekkora vétek a barátok közti gyűlölség, nekünk vajh nem kell-e tudnunk elkerülni e bűnt, ó, Dzsanárdana (Krisna) – nekünk, kik világosan látjuk a család kiirtásának vétkes mivoltát? 38-39

A család megtizedelésével eltűnnek annak időtlen vallási szertartásai. Ha pedig az oltalmazó vallás odavész, akkor a bűn úrrá lesz az egész családon.* 40

Ó, Krisna, a vallástalanság megrontja a család asszonyait. Márpedig ha az asszonyok ekként bemocskolódnak, ó, Vársnéja, házasságtörés támad a kasztok között. 41

---

* „Család": a tudat és a cselekvés különböző eszközei az emberben, amelyek elődeiktől/„őseiktől", a Kozmikus Tudattól, a lélektudattól stb. származnak. (A Kiadó jegyzete)

Ardzsuna csüggedésének természete

Miközben a meditáció ösvényét követi a teljes felszabadulás reményében, az áhítatos hívő ráeszmél, hogy ki kell irtania anyagi hajlamait, hiszen ezek erővel törnek a lélek felsőbbrendű gyönyörűségeinek követése ellen. Azonban mivel oly régóta fűzik bensőséges szálak e hajlamokhoz, a kilátás kedvét szegi, és olyan emberként szólnak róla, aki szánalommal viseltetik e szívének kedves lélektani hajlamok iránt. Mely halandó ne érezné ezt a gyengéd együttérzést énje iránt? Elvégre is bárki mondhatja: „Ez vagyok én; ilyen a természetem." Ám a Bhagavad-gíta a valódi Ént szólítja meg, a lelket, s óva inti a törekvő áhítatos hívőt attól, hogy szánalmat érezzen természetének a lélekkel szembeszegülő része iránt. Jó dolog jó érzésekkel viseltetni az ember bensőjében rejlő jó iránt; ám rossz dolog, ha rosszul érezzük magunkat az elpusztítandó rosszal szembesülve.

A család vérének megfertőzése pokolra juttatja a nemzetségirtót a családdal egyetemben. Ősatyáik, kiktől megtagadtatik rizsgolyó- és vízáldozatuk, alacsony sorba jutnak.   42

A családpusztítók e gonosztettei, melyek kasztkeveredéshez vezetnek, szertefoszlatják a kaszt és nemzetség öröktől létező szertartásait (*dharmáit*).   43

Ó, Dzsanárdana (Krisna), mint gyakorta mondogatják, a család vallási szertartásaitól megfosztott férfiak bizonnyal arra ítéltetnek, hogy a végtelenségig a pokolban lakozzanak.*   44

Jaj nekünk! Kapzsiságtól sarkallva a királyság uralmának kellemetességeiért tulajdon atyánkfiai legyilkolására keltünk fel – e tett bizonnyal súlyos bűnbe ránt bennünket.   45

Nagyobb örömmel tölt el és inkább javamra szolgál, ha úgy esik, hogy Dhritarástra fiai fegyverrel a kezükben megölnek engem a csatában, fegyvertelenül, és sorsomba beletörődvén!   46

Szandzsaja mondá (Dhritarástrának):

Így szólott Ardzsuna a csatamezőn, majd bánattól háborgó elmével elhajítván íját és nyílvesszőit, leroskadt harci szekerének ülésére.   47

Aum, Tat, Szat.

A szent Bhagavad-gíta upanisádban – az Úr Krisna Ardzsunával folytatott beszélgetésében, amely a jóga szentírása és az Istenre eszmélés tudománya – ez az első fejezet, melynek címe „Ardzsuna elcsüggedése a jóga útján".

---

* *Narake* (a pokolban) *'niyata⊠* (*aniyata⊠*, a „végtelenségig") *vāso bhavatī* (lenni avagy lakozni egy helyen vagy lakóhelyen). Egy alternatív szanszkrit olvasat az *aniyata⊠* helyett a *niyata⊠* (bizonnyal, elkerülhetetlenül) szót kínálja. E fordításban ötvöztem a két lehetőséget.

II. FEJEZET

Szánkhja és jóga: a kozmikus bölcsesség és elérésének módszere

Az Úr intelmei az áhítatos hívőhöz, és az áhítatos hívő könyörgése útmutatásért

Szandzsaja mondá (Dhritarástrának):

Madhuszúdana (Krisna) ekkor így szóla őhozzá, kinek szemét könynyek fátyolozták, s akit levert a szánalom és kétségbeesés.   1

Az Úr mondá:

Honnan támadt reád, ó, Ardzsuna, ily döntő pillanatban e csüggedés – mely viselkedés méltatlan egy árjához, szégyenteljes, és a mennybe vivő útról eltántorít?   2

Ó, Pártha („Prithá fia", Ardzsuna), ne hódolj be férfiatlan gyávaságnak; nem illő ez tehozzád. Ó, Ellenség Felprédálója, űzd el e hitvány kishitűséget! Emelkedj hát!   3

Ardzsuna mondá:

Ó, Madhu Lemészárlója, ó, Ellenség Leverője (Krisna)! Hogyan emeljem íjam e csatában Bhísma és Dróna* ellen – hisz oly lények ők, kiket imádni kell!   4

Koldusként nyomorogni is kedvesebb volna nékem oly életnél, melyet nemes lelkű tanítóim lemészárlásával mételyezek meg! Ha valóban elpusztítanám mestereim, kik vagyonra s javakra (az érzékek tárgyaira) törnek, akkor e földön bizonnyal vér szennyezné be iszonytatón az anyagi

---

* Jelképesen az ember egója és szokáshajlamai (lásd 43. oldaltól).

boldogságtól áhított minden jövendő gyönyörűségem!   5

Aligha tudom eldönteni, mint járnánk jobban a végén – ők győzze-
nek le minket? Avagy mi arassunk felettük diadalt? Hiszen Dhritarástra
gyermekei állnak szemben vélünk – éppen azok, kiknek halála a mi éle-
tünket is megkeserítené!   6

Benső természetemet részvét és szánalom gyengéi homályosítják el,
tanácstalan elmém kötelességét nem ismeri, Hozzád esdekelek hát jó ta-
nácsért, melyik út számomra a leghelyesebb? Tanítványod vagyok. Okíts
hát engem, kinek Tebenned van minden menedéke.   7

Nem látok semmit, ami elűzhetné ezt az érzékeimre lesújtó, benső
nyomorúságot – semmit a világon! Hiába emelkednék e pártatlan és vi-
rágzó föld királyává, vagy nyerhék uralmat a mennyei istenek felett!   8

Szandzsaja mondá (Dhritarástrának):

Miután imígyen szóla Hrisíkésához (Krisnához), Gudákésa-Paran-
tapa (Ardzsuna) kijelenté Góvindának(Krisnának): „Nem fogok har-
colni!"; majd elnémult.   9

Ó, Bhárata (Dhritarástra), az Érzékek Ura (Krisna) mosolyra fakad-
ván a következőket mondá a két sereg között siránkozónak: 10

A lélek örökkévaló, transzcendens természete

Az Áldott Úr mondá:

Szavaid tudós főre vallanak, ám olyanokért siránkozol, akik nem ér-
demesek sirámaidra! Az igazi bölcs nem gyászolja sem az elevent, sem
azt, ki elköltözött az élők sorából.   11

Hiszen jómagam is egyik testet a másik után öltöttem fel korábban;
akárcsak te, vagy e többi királyi fők. És a jövőben sem fog soha szűnni lé-
tezésünk.   12

Amiként a testet öltött Én véighalad gyermekkoron, ifjúságon s aggko-
ron, éppúgy lép tovább egy újabb testbe; a bölcset ez mit sem háborítja.   13

Ó, Kuntí fia (Ardzsuna), hőség és hideg, gyönyör és fájdalom képze-
teit az érzékek s tárgyaik kapcsolata hozza létre. E képzetek korlátozot-
tak, feltámadnak, majd tovatűnnek. Múlandók, ó, Bhárata leszármazottja

(Ardzsuna); viseld hát őket türelemmel!   14

Ó, Embernem Virága (Ardzsuna)! Kit mindezek (az érzékek kapcso-
latai tárgyaikkal) nem háborítanak, ki nyugodt és elmében kiegyensúlyo-
zott, kínban s gyönyörben egyaránt, egyedül az alkalmas rá, hogy elérje
az örökkévalóságot!   15

A valótlanból lét nem fakadhat. A valós sosem foszlik nemlétezővé.
A bölcsek mindkettőről ismerik a végső igazságot.   16

Tudd meg, hogy enyészhetetlen Az, aki mindeneket kinyilvánít és át-
hat. Senki sem bír oly hatalommal, hogy e Változhatatlan Szellemet meg-
semmisülésbe taszítsa.   17

Csak e porhüvelyek léte az, mi végesnek tekintendő; a Bennük Lakozó
Én változhatatlan, enyészhetetlen s határtalan. E bölcsesség birtokában,
ó, Bhárata Leszármazottja (Ardzsuna), csatára fel!   18

Aki az Ént a gyilkosnak tartja; s aki úgy véli, hogy az Én elpusztítható:
egyikük sem ismeri az igazságot. Az Én nem öl, és meg sem ölhető.   19

Ez az Én sosem születik, és soha el nem enyész; s létre jővén léte
soha többé meg nem szűnik. Az Én születetlen, örökkévaló, változatlan,
örökké ugyanaz (nincs kitéve az időhöz szokványosan társított folyama-
toknak). A test halála nem ölheti meg.   20

Ugyan miként is képzelheti az, aki tisztában van az Én enyészhetetlen,
örökké állandó, születetlen és változatlan természetével, hogy ez az Én a má-
sik pusztulását okozhatja? Ó, Pártha (Ardzsuna), ugyan kit ölhetne meg?*   21

Amiként az egyén levetvén elvásott gúnyáját, új ruhát ölt magára,
éppúgy a test porhüvelyébe zárt lélek is, elhagyván romba dőlt hajlékát,
új testbe költözik be.   22

Semmiféle fegyver nem járhatja át a lelket; tűz nem perzselheti; víz
be nem nedvesítheti; és szél ki nem szikkaszthatja.   23

A lélek szét nem zúzható; el nem ég, szét nem mállik, s ki nem szik-
kad. A lélek állandó, mindent átható, mindenkor nyugodt és mozdulatlan
– örökké ugyanaz.   24

---

* [Szó szerinti jelentésén túlmenően, amely a lélek halhatatlanságára mutat rá] e strófa mély metafizikai ta-
nulságot is tolmácsol… Ha kiirtod is az érzékek kártékony kötődéseit, dőreség azt gondolnod, hogy ezzel
magukat az érzékeket is elpusztítod! Magasabb Éned csupán megtisztítja az alantasabb ént; el nem pusztítja.

Úgy mondják, a lélek lemérhetetlen, kézzelfoghatatlan és változhatatlan. Ennek tudatában tehát nincs miért siránkoznod!   25

Ám ha mégis úgy képzeled, hogy e lélek szüntelenül születik és meghal, még ez esetben sem szabad bánkódnod miatta, ó, Erőskarú (Ardzsuna). Hiszen ami születik, annak meg kell halnia, és ami meghal, az szükségképpen újra megszületik. Miért kellene hát bánkódnod az elkerülhetetlen miatt?   26-27

A teremtmények létének kezdetét homály borítja, közepe leplezetlenül tárul elénk, vége megint csak kifürkészhetetlen, ó, Bhárata (Ardzsuna). Miért siránkoznál eme igazság miatt?   28

Egyesek lenyűgözve tekintenek a lélekre. Mások hasonlóképp bámulatosnak írják le. Megint mások mint csodáról hallanak felőle. És ott vannak azok, akit bár mindent megtudtak róla, mégsem képesek felfogni egyáltalán.   29

Ó, Bhárata (Ardzsuna), a mindenki testében ott lakozó Egyetlen örökké sérthetetlen. Ne gyászolj hát semmilyen teremtett lényt.   30

A 30. vers jelképes értelme

Miközben az áhítatos hívő, Ardzsuna benső, spirituális tusáját elmesélik, a 30. és az azt megelőző versek fontos mondanivalót tolmácsolnak az értelmezés metafizikai síkján a lélek sérthetetlenségéről. Az Úr emlékezteti a törekvő tanítványt veleszületett lelkierejére, amellyel diadalt arathat alantasabb ego-természetén. Nem elég, hogy azok az áhítatos hívők, akik függővé váltak érzékeik gyengeségétől és rossz szokásaiktól, vonakodnak elpusztítani e szívüknek kedves ellenségeket, de ráadásul úgy érzik, hogy ezek az erők elsöprő hatalmukkal bizonnyal képesek lesznek rendet vágni a lélek isteni tulajdonságainak és törekvéseinek sorában. Azonban bár az ego, a szokások, az érzékek és a vágyak egy darabig ködbe boríthatják az ember tudatát, nem pusztíthatják el vagy változtathatják meg a lelket, és el sem nyomhatják örökre. Minden lélek, bármennyire „halottnak" tűnjön is, és bármily mélyen temessék is maguk alá az ego-tudat rossz szokásai, képes feltámadni a gonoszság, illetve a születés előtti és utáni gyarlóságok sírjából. A lélek elpusztíthatatlan, s önjelölt ellenfelei nem csorbíthatják és nem változtathatják meg; csak az eltökélt isteni harcos hadba hívó szavára várakozik.

Az igazságos küzdelmet megvívni az ember vallási kötelessége

Már csak tulajdon *dharmá*dra (az ember jogos kötelessége) tekintve sem szabad bensődben meginognod! Hiszen egy *ksatrija* számára mi sem kecsegtetőbb, mint az igazságos küzdelem.   31

Ó, Prithá fia (Ardzsuna), mily szerencsések a *ksatriják*, amikor ilyen igazságos küzdelem jut kiprovokálatlanul osztályrészükül; a mennyek kitárt kapuját lelik meg benne.   32

Ám ha nem vagy hajlandó eme igazságos csatába bocsátkozni, akkor tulajdon *dharmád*tól és dicsőségedtől eltántorodván bűn terhét veszed magadra.   33

Az emberek mindig gyalázatodat lobbantják majd szemedre. Jó hírű férfiúnak a becstelenség valósággal rosszabb a halálnál.   34

A hatalmas szekérharcosok úgy fogják vélni, hogy félelmed űzött el e csatából. Ekként kicsinylőn tekintenek majd reád azok, akik korábban oly nagyra tartottak.   35

A te elleneid megvetően (kimondani sem illő szavakkal) szólanak majd rólad, becsmérelve képességeid. Mi lehetne fájóbb ennél?   36

Ha elesnél (ellenségeiddel csatázván), elnyered a mennyet; ha győzelmet aratsz, élvezheted a föld gyönyörűségeit. Így hát, ó, Kuntí fia (Ardzsuna), emelkedj végre! Tökéld el magad a harcra!   37

Elmenyugalommal egyenlíts ki boldogságot és bánatot, nyereséget s veszteséget, diadalt és bukást – így szállj harcba! Ekként nem veszel magadra bűnt.   38

A jóga: orvosság kételyre, zavarodottságra és az intellektuális kielégületlenségére

A szánkhja végső bölcsességét ím elmagyaráztam néked. De most a jóga bölcsességéről kell hallanod, mellyel felvértezvén, ó, Pártha (Ardzsuna), szétszaggathatod a karma béklyóit.   39

Eme ösvényen (a jógagyakorlásén) az eszmélésre törekvés sosem vész

74 A Bhagavad-Gíta Jógája

kárba, és ellentétes eredmény sem születik. E valódi vallásból egy szemernyi is megoltalmaz a nagy félelemtől (a születés és halál ismétlődő körforgásában rejlő roppant szenvedésektől).   40

E Jógában, ó, Kuru sarja* (Ardzsuna), a benső eltökéltség egységes, összpontosult; míg a határozatlan elme gondolatai vég nélkül szerteágazók.   41

Ó, Pártha (Ardzsuna), a *szamádhi* meditatív állapotának egy célra összpontosító határozottsága (elmeszilárdság) sosem alakul ki azoknál, akik konokul kapaszkodnak a hatalomba s az érzéki gyönyörökbe, és kiknek józan ítéletű értelmét tévútra vezették a spirituálisan tudatlanok cikornyás szóvirágai. Bizonygatják, hogy nincs semmi egyéb, mint ujjongva merülni a Védák magasztaló velős mondásaiba, valódi természetüket evilági hajlamok éktelenítik, legfőbb célként a menny (az asztrális világ gyönyörűséges jelensége) lebeg előttük, s így végzik a számos sajátos áldozati szertartást avégett, hogy élvezetek s hatalom legyen osztályrészük – ám ehelyett újjászületéseiket nyerik el (vágy sarkallta) tetteik következményeiként.   42–44

A Védák a három egyetemes sajátsággal, avagy *gúná*val foglalkoznak. Ó, Ardzsuna, szabadulj hát meg e tulajdonsághármastól és az ellentétek párjaitól! Örök nyugalomban, elfogadás s megtartás gondolatát nem dédelgetve csitulj el az Énben.   45

A Brahman (Szellem) ismerőjének az összes Védák (szentírások) sem szolgálnak több hasznára, mint a vízgyűjtő, midőn mindenfelől áradás közelít.   46

A helyes cselekvés jógájának művészete, amely határtalan bölcsességhez vezet

Az embernek csak a tetthez van joga, soha annak gyümölcseihez. Ne tekints magadra tevékenységeid gyümölcseinek teremtőjeként; s a tétlenséghez se hagyd magad kötődni.   47

Ó, Dhanandzsaja (Ardzsuna), maradj elmerülve a jógában, s így hajts

---

* Kuru volt az ősatyja mind a Pándaváknak, mind a Kauraváknak, ekként Ardzsunát itt Kurunándanaként, Kuru leszármazottjaként említik; a *nándana* szó mellékjelentése „valami, aminek örvendeznek" – tehát Krisna azzal buzdítja Ardzsunát, hogy „a Kuru-dinasztia büszkeségének vagy legkedvesebb fiának" címezi.

végre minden tettet, lemondva a kötődésről (gyümölcseikhez), s közönyösen tekintve sikerre-kudarcra. Az elme e rendületlenségét nevezik jógának.   48

A köznapi cselekvés (vággyal végrehajtva) jóval alacsonyabb rendű a bölcsesség útmutatásával egyesülő tettnél; ezért hát, ó, Dhanandzsaja (Ardzsuna), az örökkön vezérlő bölcsességnél keress menedéket. Nyomorultak, kik tetteiket csak gyümölcseikért hajtják végre.   49

Aki egyesült a kozmikus bölcsességgel, túllép mind az erény, mind a bűn hatókörén, már evilági életében. Ezért hát szenteld magad a jógának, az isteni egyesülésnek. A jóga a helyénvaló cselekvés művészete.   50

Akik uralmat nyertek elméjük felett, belemerülnek a határtalan bölcsességbe; őket nem érdekli többé tetteik semmiféle gyümölcse. Ekként megszabadulván az újjászületés láncaiból, eljutnak a szomorúságon túli állapotig.51

Midőn értelmed áthatol a káprázat sötétjén, akkor fogsz eljutni a közönyig minden ügyet illetően, melyről valaha hallottál s hallani fogsz. 52

Midőn értelmed a kinyilatkoztatott igazságok sokszínűségétől megzavarodván biztosan lehorgonyoz a lélek üdvös boldogságának elragadtatásában, akkor fogsz eljutni a végső egyesülésig (jóga).   53

Külsődleges szertartások kontra Önmagunkra eszmélés

„A Védák a Természet működtető erőit dicsőítik s imádják, melyek a Természet számos formáját tajtékként ontják ki a sajátsághármas [a gúnák] kavargásából. Te azonban, ó, áhítatos hívő, ne az anyagra összpontosítsd figyelmed, hanem a Szellemre, és ekként szabadulj meg érzelmi érintettségedtől a Természet jó, tevékeny és gonosz létről szőtt álomképeiben. Mindenkor tarts ki valódi természeted mellett (nitjaszattvasztha) – őrizd meg nyugodalmad, ne engedd háborítani magad a háromszoros sajátságtól s fényárnyék ellentétpárjaiktól –, szabadulj ki a vágyak és kötődések káprázatból szőtt hálójából, s maradandón alapozd meg létedet transzcendens Énedben."

Ez a strófa [III:45] rámutat ama gyakorlat spirituális eredménytelenségére – bármilyen tökéletes és szigorú legyen is –, hogy a szentírásokban említett, pusztán külsődleges szertartásokat végezzük. Az embert egyes-egyedül benső lényének megtisztítása képes megszabadítani természetének reinkarnációt okozó sajátsághármasától – a szattvikustól (felemelő), a radzsasztikustól (tevékenységre serkentő) és a tamaszikustól (romboló).

Az Önmagára eszmélt személy tulajdonságai

Ardzsuna mondá:

Ó, Késava (Krisna)! Mi jellemzi a bölcset, ki birtokában van az örökké higgadt bölcsességnek, és elmélyedt a *szamádhi*ban (elragadtatás)? Hogyan beszél, ül és jár e szilárd bölcsességű ember?   54

Az Áldott Úr így felelt:

Ó, Pártha (Ardzsuna)! Midőn valaki teljességgel lemond az elme minden vágyáról, és maradéktalanul megelégül az Énben az Én által, akkor tekinthető a bölcsességben megállapodott embernek.   55

Kinek tudatát nem rendíti meg szorongás a csapások idején, sem kötődés a boldogsághoz kedvező körülmények között; aki mentes a világi szenvedélyektől, félelmektől és haragtól – azt nevezik szilárd ítélőképességű *muni*nak.   56

Aki sehol semmihez sem kötődik, akit nem tölt el izgatott örömmel a jó, s nem háborít a gonosz, annak bölcsessége megalapozott.   57

Amikor a jógi képes teljességgel visszavonni érzékeit az érzékelés tárgyaitól, miként a teknősbéka visszahúzza tagjait, akkor nyilvánul meg állhatatos bölcsessége.   58

Aki testileg vonja meg magától az érzékek táplálékát, úgy találja, hogy az érzéki tárgyak egy kis időre tovatűnnek, csupán az utánuk érzett sóvárgás marad hátra. Azonban aki megpillantja a Legfelsőbbet, az még a sóvárgásoktól is megszabadul.   59

Ó, Kuntí fia (Ardzsuna), a mohó és könnyen felkorbácsolódó érzékek erőszakkal megragadják még annak tudatát is, aki a megvilágosodás magas fokán áll, és valóban törekszik (a felszabadulásra).   60

Aki minden érzékét leigázván egyesíti Énvelem szellemét, az egyedül Énreám összpontosít mint a Legfőbb Kívánatosra. Ama jógi intuitív bölcsessége válik rendíthetetlenné, aki uralma alá hajtotta érzékeit.   61

Aki érzéki tárgyakon tűnődik, kötődni kezd hozzájuk. A kötődés sóvárgást szül; a sóvárgás pedig haragot. A harag káprázatot fial; a káprázat az (Énre vonatkozó) emlékek elvesztéséhez vezet. A megfelelő emlékek elvesztése az ítélőképesség hanyatlását váltja ki. Az ítélőerő hanyatlásából pedig a (spirituális élet) megsemmisülés(e) következik.   62–63

Az önuralommal bíró ember, ki érzékeit leigázván vonzódástól és viszolygástól mentesen jár-kel az anyagi tárgyak között, megingathatatlan benső nyugalomra tesz szert.   64

A lélek üdvös boldogságában* minden bánat szertefoszlik. Bizony, az üdvösen boldog ember ítélőképessége hamarosan szilárd alapot nyer (az Énben).   65

Aki nem egyesült (nem alapozta meg lényét az Énben), az nem bír bölcsességgel, s nem merülhet meditációba. Aki nem meditál, az nem nyerhet nyugalmat. A békétlenre pedig hogyan köszönthetne a boldogság?   66

Amiként a vízen úszó hajót elsodorja az erős szél, úgy az egyén ítélőképességét is eltéríti tervezett útjáról, ha az elme behódol a csapongó érzékeknek.   67

Ó, Erőskarú (Ardzsuna), annak bölcsessége nyugszik szilárd alapokon, aki teljességgel megzabolázta érzékszerveit az érzéki tárgyak tekintetében.   68

Amikor minden élőlénynek éjszaka van (és mind aluszik), az önuralommal bíró emberre (ragyogó) éberség köszönt. Amikor pedig a közönséges ember ébren van, akkor jő el az éj (az alvás ideje) az isteni észleléssel bíró bölcs számára.   69

Az maradéktalanul elégedett, ki minden vágyat nyomtalan elnyel, ahogyan a csordultig telt óceán sem önt ki (változik) a belé áradó vizektől – nem pedig az, ki vágyak után eped.   70

Az éri el a békét, ki minden vágyról lemondván, sóvárgás nélkül létezik, s nem azonosul a halandó egóval és annak „enyém-tudatával."   71

Ó, Pártha (Ardzsuna)! Ez a „Brahmanban megalapozott" állapot. Aki eme állapotba belép, soha (többé) nem esik káprázat áldozatául. Még a (testi síkról az asztrálisra történő) átmenet pillanatában is, ha az ember lehorgonyzik benne, eléri a Szellemmel való egyesülés végső, visszavonhatatlan állapotát.   72

---

* „A lélek üdvös boldogságában", *prasāde*: „A benső nyugalom (vagyis az Én ama tökéletes békessége, amelyet áthat a lélek színtiszta természete, az örökkön új üdvös boldogság) maradéktalanul kielégítő állapotában."

Aum, Tat, Szat.

A szent Bhagavad-gíta upanisádban – az Úr Krisna Ardzsunával folytatott beszélgetésében, amely a jóga szentírása és az Istenre eszmélés tudománya – ez a második fejezet, melynek címe „Szánkhja-jóga."

Brahmaszthiti: Megszabadulás a véges teremtés három világából

A trónra emelkedést a Szellem mindenütt jelenlévő tudatában [„Brahmanban megalapozott" állapot] *Brahmaszthiti* néven emlegetik – ilyenkor az ember a Királyi Szellemben uralkodik. A Szellemben uralkodó jógi, aki még életében megszabadult, soha többé nem esik áldozatul a káprázatnak, és nem csúszik vissza alantasabb állapotba. Az ilyen jógi Isten tudatában él. Lelke a Szellembe terjeszkedik ki, ő mégis megőrzi egyéniségét, örökre elmerülvén a Szellemmel folytatott benső érintkezésben.

❖ ❖ ❖

Transzcendens állapotában Isten szüntelen szövi álmait az idea- (kauzális), asztrális és fizikai világegyetemről. A fizikai kozmosz számos „szigetuniverzumával" az örökkévaló ürességen lebeg, s a kisugárzó energia fénykoszorúja veszi körül, amely beleolvad az átfogóbb asztrális világba. Az asztrális kozmosz a teremtés nagyobb szabású megnyilvánulása a fizikainál, átjárja ez utóbbit, és túlnyúlik rajta… A kauzális világegyetem a teremtés méhe. E világegyetemben Isten legfinomabb tudati teremtőerői – és magasan fejlett lények a saját intuitív folyamataikkal – tárgyiasítják az univerzumokat a kifinomult isteni gondolatokból…

A jógi, aki tökéletes uralomra tett szert tudata felett, képes megpillantani a fizikai, asztrális és kauzális világokat egyaránt, vagy épp továbblépni ezeken Isten transzcendens, rezgés nélküli birodalmába.

❖ ❖ ❖

Amikor a jógi megalapozta létét az Éteri Végtelenségben – még ha csak abban a pillanatban érte is el, amikor lelke átsiklik fizikai lakhelyéről az asztrálisba –, akkor lelke belép a *Brahmanirváná*ba, vagyis kioltja egóját, és minden olyan vágyát, amely újbóli megtestesülésre kényszerítené a lelket, és kiterjed a Szellemben. Egy mindenütt jelenlévő lényt nem lehet véges megtestesülések rácsai mögé zárni. Az ilyen lény saját szabad akaratából képes fenntartani egy fizikai vagy asztrális testet, ám ez nem zárhatja börtönbe mindeneken átívelő szellemét.

III. FEJEZET

Karma-jóga: a spirituális cselekvés ösvénye

Miért szükséges része a tevékenység a felszabaduláshoz vezető útnak?

Ardzsuna mondá:

Ó, Dzsanárdana (Krisna)! Ha te valóban magasabb rendűnek tekinted a megértést a cselekvésnél, akkor miért utasítasz engem, ó, Késava (Krisna), e rettenetes tettre? 1

E látszólag ellentmondásos szavakkal mintegy megzavarod értelmem. Kérlek, áruld el nékem egyértelműen, mi az, aminek révén elérhetem a legfőbb jót. 2

A Kozmosz Ura mondá:

Ó, Bűntelen, a teremtés kezdetén a megváltás kettős útját adtam e világnak: a bölcsek bölcsességük által jutnak el az isteni egyesülésig, a jógik a tevékeny meditáció útján. 3

A tevékenység nélküliség nem érhető el egyszerűen a cselekvés kerülésével. Senki sem jut el a tökéletességig azáltal, hogy sutba hajítja a munkát. 4

Bizony, senki nem maradhat egyetlen pillanatig sem munka nélkül; hisz akarva-akaratlan mindenkit cselekvésre kényszerítenek a Természetből (Prakriti) fakadó sajátságok (*gúnák*). 5

Az egyént, aki erővel visszafogja a cselekvés szerveit, ám elméje az érzéki tárgyak körül forog, képmutatónak nevezik, hisz áltatja önmagát. 6

Az viszont kimagasló sikert arat, ó, Ardzsuna, aki elméjével megfegyelmezvén érzékeit, kötődések nélkül, szilárdan megtartja a cselekvés szerveit az Istennel egyesítő tettek útján. 7

Hajtsd csak végre a kötelező tetteket, hiszen a cselekvés jobb a tétlenségnél; tétlenül még tested egyszerű fenntartása is lehetetlen volna.   8

A helyes cselekvés természete: Minden munkát felajánlásként (jadzsna) végezz!

A világi embereket karmikusan kötik ama tevékenységek, melyeket nem *jadzsna*ként (vallási szertartásként) végeznek; ó, Kuntí fia (Ardzsuna), munkálkodj hát kötődés nélkül a *jadzsna* szellemében, tetteidet felajánlásként végrehajtva.   9

Miután Pradzsápati (Brahmá mint *pradzsá*, avagy emberi lények Teremtője) kezdetben megalkotta az emberi nemet a *jadzsná*val egyetemben, így szólt: „Ezáltal sokasodjatok, ez legyen vágyódásaitok fejőstehene. E *jadzsná*val meditáljatok a *dévá*kon,* és alkalmasint a *dévák* sem feledkeznek meg rólatok; ha ekként bensőséges érintkezésben álltok egymással, osztályrészetek lészen a Legfőbb Jó. A *dévák* – ha a *jadzsna* révén benső érintkezést folytattok velük – felruháznak benneteket az élet hőn sóvárgott ajándékaival." Aki viszont kellő felajánlások nélkül élvezi az egyetemes istenségek jótéteményeit, az bizony tolvaj.   10-12

A szentek – kik a szabályszerű tűzáldozatokból (*jadzsna*) megmaradt eledellel táplálkoznak – megszabadulnak minden bűntől; a vétkesek azonban – akik csupán önmaguk kedvéért készítenek ételt – a bűnből lakomáznak.   13

Az élőlények táplálékból támadnak; a táplálékot az eső sarjasztja. Az eső a *jadzsná*ból (a kozmikus áldozati tűzből) fakad; a kozmikus tűz (kozmikus fény) a karmából (a rezgésalapú isteni cselekvésből) születik.   14

E rezgésalapú isteni tevékenységről tudnod kell, hogy Brahmából (Isten Teremtő Tudatából) jött létre; e Teremtő Tudat pedig az Enyészhetetlenből (az Örökkévaló Szellemből) származik. Következésképpen Isten mindent átható Teremtő Tudata (Brahmá) eredendően és elválaszthatatlanul jelen van a *jadzsná*ban (a kozmikus tűzben vagy fényben, mely viszont a rezgésalapú teremtés valamennyi alkotóelemének lényege).   15

Annak az embernek az élete, ó, Prithá fia (Ardzsuna), aki e világon nem követi a kerék ekként megszabott forgását, s tobzódik a bűnben és

---

* *Dévák*: asztrális istenségek; szó szerint „ragyogók" – ama isteni vagy angyali erők, amelyek az anyagi világot fenntartják. (*A Kiadó jegyzete*)

az érzéki gyönyörökben, bizony hiábavaló!   16

Annak az egyénnek azonban, aki őszintén szereti a lelket, mindenkor beéri a lélekkel, és egyedül benne találja meg maradéktalan elégedettségét, immáron nincs több kötelessége.   17

Az ilyen ember számára már nincs oly cél a világban, melyet tettekkel

---

A jadzsna, az áldozati tűzszertartás valódi jelentősége

A világi emberek önző késztetésektől és ama vágytól hajtva cselekszenek, hogy anyagi nyereségre tegyenek szert, és boldogságban legyen részük. E hajlandóságukból kifolyólag karmikusan a földhöz kötődnek az egymást követő megtestesüléseken át.

A jógi ellenben arra törekszik, hogy jó cselekedeteket hajtson végre az önzetlenség és kötődésmentesség szellemében; ezáltal felgyorsítja fejlődését a lélek szabadsága felé. Az ilyen felszabadító, isteni kötelességeket öszszefoglaló néven *jadzsná*nak mondhatjuk...

Az Indiában végzett előírásos szertartás [*jadzsna*], amelynek során tisztított vajat (ghít) – egyfajta lángon megtisztult anyagot – öntenek a tűzbe, jelképesen egyesíti az életenergiát a kozmikus energiával.

A guru által oktatott jógameditáció beavatottja a hindu szentírások által elrendelt valódi *ezoterikus* tűzszertartást végzi el. Visszavonja életerejét az érzékelő- és mozgatóidegektől, és ezt az energiát az életnek a hét rejtett agyi-gerincvelői központban felszított szent tüzébe árasztja.

Amikor a jógi elzárja az élet áramát az idegektől, azon veszi észre magát, hogy elméje lekapcsolódott az érzékekről. Ez a gyakorlat, amelynek során visszavonja az életenergiát a testtől, és egyesíti azt Isten fényességével [*Krijú-jóga*], a legmagasabb rendű *jadzsna*, a valódi tűzszertartás – melynek során az élet pislákoló lángját a Nagy Isteni Tűzzel egyesíti, elégetve minden emberi vágyat szent áhítozásában Isten után. Ekkor a jógi fogja érzékektől visszavont elméjét, és beleveti a Kozmikus Tudat tüzébe; miután végre ráeszmélt tulajdon lelkére, mint a testtől teljességgel különböző létezőre, beleveti ezt az Ént az Örökkévaló Szellem lángjaiba.

Az élet valódi *exoterikus* tűzszertartása pedig – mely által a testi lét a Kozmikus Élettel egyesül, s az emberi elme és lélek eggyé válik a Kozmikus Elmével és Szellemmel – abban áll, hogy helyes cselekedeteket ajánlunk fel Istennek, vágyak és kötődések nélkül.

A *jadzsna*ként végrehajtott, helyes tettek útjának e követői nem maradnak meg földhöz kötött állapotukban, hanem felszabadulnak.

elérhet, s mit sem veszít, ha nem hajtja végre tetteit. Ő többé senkitől sem
függ semmilyen tekintetben.   18

A kötődés nélkül végrehajtott, igaz kötelesség Istennek tetsző

Ezért hát mindenkor lelkiismeretesen és kötődés nélkül hajts végre jó
anyagi tetteket (*karjam*) és spirituális cselekedeteket (*karman*). Ha min-
den tevékenységét kötődés nélkül végzi, az ember eléri a legmagasabb
célt.*   19

Dzsanaka és más hozzá hasonlók egyedül a helyes cselekvés révén el-
érték a tökéletességet. És már csak avégett is cselekedned kell, hogy he-
lyes utat mutass a halandóknak.   20

Bármit tesz is a *felsőbbrendű* lény, az alacsonyabb rendűek utánozzák.
Cselekedetei mércét állítanak a világ népe elé.   21

Ó, Prithá fia (Ardzsuna), Énnekem semmiféle kényszerítő kötelessé-
get nem kell végrehajtanom; nincs, mit még ne értem volna el; a három
világban semmi sem maradt, amit elnyerhetnék! Mégis tudatosan jelen
vagyok minden cselekvésben.   22

Ó, Pártha (Ardzsuna), ha valaha is felhagynék a folyamatos és szünte-
len cselekvéssel, az emberek azonmód pontosan utánoznának Engem.   23

Ha Én nem cselekednék (kiegyensúlyozottan), ezek a világegyetemek
megsemmisülnének. Én volnék az okozója a szörnyű zűrzavarnak („a köte-
lességek helytelen keveredésének"). S ekként az emberek végromlásának esz-
közeként működnék.   24

Ó, Bhárata Leszármazottja (Ardzsuna), amiként a tudatlanok kötő-
déssel terhelten és a jutalom reményében hajtják végre tetteiket, úgy a
bölcsnek szenvedélytől és kötődéstől mentesen kell cselekednie, s örömest
szolgálnia útmutatással a sokaságnak.   25

A bölcsnek semmilyen körülmények között sem szabad megzavarni

---

* A karma a kŗi szótőből származik, általános jelentése „cselekedet". Konkrét esetekben jelenthet még
„anyagi cselekedetet" vagy „kötelességszerű tettet"; „vallási szertartást" vagy „spirituális cselekedetet"
– és egyben azokat a következményeket, amelyek az ember tetteiből fakadnak. A karma szó változatai
szintúgy egymással felcserélhető jelentésekkel bírnak, a szándékot a szövegkörnyezet határozza meg.
Ekként ebben a versben a karjam a „kötelességszerű anyagi tettre" utal, a karman pedig a „vallási szer-
tartást vagy spirituális cselekedetet (vagyis meditatív tevékenységet)" jelöli. (A Kiadó jegyzete)

a tetteikhez kötődő tudatlanok értelmét. A megvilágosodottnak ehelyett tevékenységei lelkiismeretes elvégzésével vágyat kell ébresztenie a tudatlanokban minden kötelességszerű tett végrehajtására. 26

Így szabadítja meg az önzetlen cselekedet a jógit a természet kettősségeitől és a karma béklyójából

Minden cselekedetet egyetemlegesen az őseredeti Természet (Prakriti) sajátosságai (a *gúnák*) idéznek elő. Akinek Énjét megtéveszti az egoizmus káprázata, úgy véli: „Én vagyok a cselekvő." 27

Ó, Erőskarú (Ardzsuna)! Aki ismeri az igazságot a *gúnák* (a Természet sajátosságai) és a belőlük fakadó cselekedetek megoszlásáról – ráeszmélvén, hogy valójában a *gúnák* mint az érzékek sajátosságai kötődnek a *gúnákhoz* mint az érzékelés tárgyaihoz –, az nem engedi, hogy (Énje) ragaszkodjon hozzájuk. 28

A tökéletes bölcsességű jóginak nem szabad összezavarnia a tökéletlen értelmű emberek elméjét. A tudatlanok, akiket megtévesztenek az őseredeti Természet sajátosságai, kénytelenek kitartani a tevékenységek mellett, melyekre e *gúnák* késztetik őket. 29

Minden tevékenységedet ajánld fel Énnekem! Önösségtől és elvárásoktól mentesen, figyelmedet a lélekre összpontosítva szabadulj meg a lázas aggodalomtól, és lépj a harc (a tettek) mezejére. 30

A helyes hozzáállás az ember spirituális vezetőjéhez és szádhanájához

Az áhítattal telt emberek, akik lankadatlan és akadékoskodás nélkül követik az Én tantételeimet, szintén megszabadulnak minden karmától. 31

Ám tudd meg, hogy akik ellenkeznek az Én tanításommal, és nem ennek megfelelően élnek, teljes tévedésben leledzvén a valódi bölcsességet illetően, s minden megértés híján, azok pusztulásra ítéltetnek. 32

Még a bölcs ember is tulajdon természetének hajlamai szerint cselekszik. Minden élőlény a Természethez igazodik; mi haszna hát (felszínes) elfojtásának? 33

Az érzékek kötődését a maguk tárgyaihoz, avagy viszolygását ezektől a Természet rendelte el. Óvakodj e kettős befolyástól! Bizony mondom, e kettő (pszichológiai tulajdonság) az ember valódi ellensége! 34

Az ember saját kötelessége (*szvadharma*), még ha hiányosan tesz is neki eleget, előbbre való, mint másvalaki kötelessége (*paradharma*), melyet mégoly híven teljesít. Jobb, ha a halál is a *szvadarmában* ér utol; a *paradharma* félelemmel s veszedelemmel terhes. 35

A kétoldalú szenvedély, vágy és harag leküzdése

Ardzsuna mondá:

Ó, Vársnéja (Krisna), de hát mi hajtja az embert, hogy tulajdon akarata ellenére gonosztettet kövessen el – mintha csak kényszernek engedne? 36

Az Áldott Úr mondá:

A vágy és a harag (ez a hajtóerő), mely a Természet cselekvésre serkentő sajátságából (*radzso-gúna*) születik, s olthatatlan sóvárgással és ördögi gonoszsággal teli: tudd meg, hogy ez (a kétoldalú szenvedély) a legalávalóbb ellenség e földön. 37

Miként tüzet a füst, tükröt a por elhomályosítja, miként a magzatot beburkolja a méh, úgy borítja be ez (a vágy) amazt (a bölcsességet). 38

Vágy és harag: Durjódhana és gonosz fivére

A meghiúsult vágy haragot ébreszt.* Ekként a vak érzék-elme király, Dhritarástra legidősebb fia Durjódhana – az Anyagi Vágy, második fia pedig (Durjódhana legközelebbi fivére) Duhsászana, a harag jelképe. A név jelentése „nehezen visszatartható vagy megfékezhető" a szanszkrit *duḥ* vagyis „nehéz"; és a *śās*, azaz „visszatartani vagy megfékezni" tövekből.

A *Mahábháratában* a minden ízében hitvány Duhsászana híven jellemzi a harag veszedelmét. A Bhagavad-gíta második fejezetében Krisna elmagyarázza Ardzsunának, hogy haragjának következtében a vétkest káprázat borítja be, amely elhomályosítja az Én helyénvaló viselkedésének emlékét, az ítélőképesség hanyatlásához vezetve. Az értelem e zűrzavarából a helyes viselkedés megszűnése következik.

* A kródha az egyik az anyagi ego hat fogyatékossága közül, mint a 43. oldalon olvasható.

Ó, Kuntí fia (Ardzsuna)! A bölcs emberek örök ellensége a vágy kiolt-hatatlan lángja, mely a bölcsességet elrejti.   39

Úgy mondják, a vágy az érzékek, az elme és az értelem roppant erő-dítményébe veszi be magát; innen ejti káprázatba a testet öltött lelket, ho-mályba borítván annak bölcsességét.   40

Ekként, ó, Bhárata-dinasztia Legkiválóbbja (Ardzsuna), először az érzékeket tanítsd fegyelemre, azután irtsd ki a vágyat, a bölcsesség és Énre eszmélés vétkes meghiúsítóját.   41

Az érzékeket magasabb rendűnek mondják (a fizikai testnél); az el-mét magasabb rendűnek az érzékszerveknél; az értelmet pedig felsőbb-rendűnek az elménél; azonban ő (az Én) az értelemnek is felette áll.   42

Ó, Erőskarú (Ardzsuna)! Miután ekként megtudtad, hogy az Én maga-sabb rendű az értelemnél, és fegyelemre tanítottad az ént (ego) az Én (lélek) által, pusztítsd el ezt a szívós ellenfelet, mely a vágy alakját viseli.   43

Aum, Tat, Szat.

A szent Bhagavad-gíta upanisádban – Az Úr Krisna Ardzsunával folytatott beszélgetésében, amely a jóga szentírása és az Istenre eszmélés tudománya – ez a harmadik fejezet, amelynek címe „Karma-jóga".

IV. FEJEZET

Isten megismerésének legmagasabb tudománya

A jóga történelmi alapja és ezoterikus lényege

A magasztos Úr mondá (Ardzsunának):

A jóga e múlhatatlan tanát hajdan Vivaszvánra (a napistenre) ruháztam; Vivaszván Manunak (a hindu törvényhozónak) adta tovább; Manu Iksvákunak (a *ksatrija* napdinasztia alapítójának) mondotta el. Így örökítették tovább egymásnak e tudást sorra a *rádzsarisik* (királyi *risik*). Azonban, ó, Ellenség Felprédálója (Ardzsuna), a hosszú idők folyamán e jógatant szem elől veszítették a földön.*   1–2

A mai napon néked nyilatkoztattam ki a jóga ugyanezen ősi tanítását, mivel te áhítatos hívem és barátom vagy. E szent misztérium (a jóga) valóban a legfőbb jót szolgálja (az emberiségét).   3

Ardzsuna mondá:

Vivaszván jött a világra elsőként, a te születésed későbbre esett. Hogyan értsem hát szavaid, miszerint kezdetben te osztottad meg vele e tant (születésed előtt)?   4

Az Áldott Úr mondá:

Ó, Ardzsuna, Nékem s teneked egyaránt sok születésünk volt már ezelőtt. Magam ismerem valamennyit, te azonban nem emlékezel rájuk, ó, Ellenség Felprédálója.   5

---

* E két vers azt hirdeti, milyen nagy történelmi múltra tekint vissza a *Rádzsa-jóga* („királyi jóga"), a lélek és Szellem egyesítésének örök és változhatatlan tudománya. Ugyanakkor ezoterikus értelemben e sorok velős leírását adják magának a tudománynak – bemutatván a lépéseket, amelyek révén a lélek aláereszkedik a Kozmikus Tudatból az emberi testtel való azonosulás halandó állapotába, valamint az utat, amelyen haladnia kell, hogy újra felemelkedhessen Forrásához, az üdvös boldogságot árasztó Örökkévaló Szellemhez. [Lásd az *Isten szavai Ardzsunához* szövegmagyarázatát.]

Habár születetlen vagyok, változhatatlan Lényegű, mégis midőn az egész teremtés Urává válok, saját Kozmikus Természetemben (Prakriti) megmaradván az Énem által kibontakoztatott *májá*-káprázat által megtestesülök. 6

Ó, Bhárata (Ardzsuna)! Valahányszor az erény (*dharma*) lehanyatlik, és eluralkodik a bűn (*adharma*), Én Avatárként megtestesülök. Koronként megjelenek látható alakban, hogy az igazságosság visszaállítása végett oltalmazzam az erényeseket, és kiirtsam a gonoszságot. 7-8

Utak a megszabaduláshoz az újjászületés körforgásából

Aki isteni megnyilvánulásaim s rezgésalapú cselekedeteim rendezőelvek szerinti valóságát intuitív módon ekként megragadja, az halála után többé nem születik újjá; hanem elnyer Engem, ó, Ardzsuna! 9

A bölcsesség vezeklésével megtisztulván, kötődéseket, félelmet és dühöt levetkőzvén, Bennem elmerülvén és oltalomra lelvén számos lény tett már szert az Én természetemre. 10

Ó, Pártha (Ardzsuna)! Amiképpen az emberek Nékem szentelik magukat, oly mértékben nyilvánítom ki nekik Önmagam. Mindenki minden módon (Engem keresve) az Énhozzám vezető utat követi. 11

Tetteik sikerét óhajtván itt a földön, az emberek az isteneket (a különböző eszményeket) imádják, hisz az emberek világában a cselekvésből könnyen eredmény fakad. 12

A sajátságok (*gúnák*) és cselekedetek (*karma*) felosztása szerint teremtettem meg a négy kasztot. Bár ezt Én cselekedtem, tudnod kell, hogy a minden változás felett álló Nemcselekvő vagyok. 13

A cselekedetek Énbennem nem ébresztenek kötődést, s tetteim gyümölcsére sem vágyakozom. Aki azonosul Énvelem, aki megismeri természetemet, az szintén megszabadul a ténykedés karmikus bilincseiből. 14

Ennek tudatában a megváltást kereső bölcsek ősi időktől végrehajtották kötelességszerű tetteiket. Te is kötelességtudón cselekedj hát, miként eleink egykor, a régi korokban. 15

Megszabadulás a karmától:
A helyes cselekvés, helytelen cselekvés és tétlenség
természete

Még a bölcseket is zavarba ejti a cselekvés és tétlenség kérdése. Ekként Én magam világosítlak fel, miben áll az igaz cselekvés – e tudás a bajtól megszabadít. 16

A karma (cselekvés) természetét igen nehéz kiismerni. Ha az ember maradéktalanul meg akarja érteni a helyénvaló cselekvés természetét, akkor bizony tisztában kell lennie az ellentétes (helytelen) cselekvés és a tétlenség természetével is. 17

Az a jógi, az éleslátó az emberek között, aki felismeri a tétlenséget a cselekvésben, s a cselekvést a tétlenségben. Az ilyen ember elérte minden cselekvés célját (és felszabadult). 18

A tudás birtokosai azt az embert nevezik bölcsnek, kinek törekvéseit nem önös tervek és az eredmény utáni sóvárgás vezérlik, s kinek tevékenységeit a bölcsesség tüze megtisztította (kiégetvén belőlük a karmikus kinövéseket). 19

A bölcs, ki elhagyta kötődését munkája gyümölcseihez, mindig elégedett, független (az anyagi jutalmaktól), s még a tevékenységek forgatagában sem cselekszik semmit (ami megkötné). 20

Aki a birtoklás minden érzetéről lemondott, ki mentes a (csalóka emberi) reményektől, s kinek szívét (érzőképességét) a lélek uralja, az puszta testi cselekvéseket végrehajtván nem vesz magára bűnt.* 21

A cselekvő ember akkor szabadul meg a karmától, ha elégedetten fogadja, bármi történjék is vele, ha a kettősségek fölé emelkedett, ha mentes féltékenységtől, irigységtől és gyűlölségtől, s ha nyereségre-veszteségre egyformán tekint. 22

A jadzsna, a spirituális tűzszertartás,
mely minden karmát felemészt

Ama felszabadult lénynek, aki kötődésektől mentesen, elméjét

---

* *Yata-citta-átmā:* szó szerint „akinek lelke úr a szíve *(csitta)* felett". A *csitta* átfogó kifejezés az elmeanyag összességére, amely az értelmes tudatot, az érzőképességet létrehozza.

bölcsességbe borítva elvégzi a valódi spirituális tűzszertartást (*jadzsna*), minden karmája, cselekedeteinek minden hatása maradéktalanul szertefoszlik.* 23

A felajánlás folyamata és az áldozat maga – egyaránt a Szellem. A tűz, és aki bemutatja benne áldozatát, szintúgy a Szellem megjelenési formái. Aki erre ráeszmélvén minden tevékenységében Brahmanba (a Szellembe) merül, az bizonnyal eljut a Szellem birodalmába. 24

Valóban vannak jógik, akik a *déváknak* áldoznak; mások csakis énjüket ajánlják fel s mutatják be az én által hozott áldozatként a Szellem tüzében. 25

Egynémely áhítatos hívők a hallás képességét és többi érzéküket ajánlják fel áldozatul az önfegyelem tüzében. Mások hanggal és az érzékelés egyéb tárgyaival áldoznak az érzékek tüzében. 26

Megint mások (a *Dzsnyána-jóga* útjának követői) minden érzékszervi tevékenységüket és életerejük valamennyi működését ajánlják fel áldozatul az Én önuralmának bölcsesség fellobbantotta jógalángjában. 27

Más áhítatos hívők vagyonnal áldoznak, az önfegyelem gyakorlataival és jógamódszerekkel áldoznak; míg más egyének, kik urai önmaguknak, s szigorú fogadalmakat tartanak, az önvizsgálatot és a szentírások bölcsességének elsajátítását ajánlják fel áldozatul. 28

Más áhítatos hívők a *prána* beáramló lélegzetét ajánlják fel áldozatul az *apána* kifútt leheletében, s az *apána* kitóduló leheletét a *prána* beszívott lélegzetében, s ekként felfüggesztik a be- és kilégzés okát (szükségtelenné téve a légzést) a *pránajáma* (a *Krijá-jóga* életszabályozó technikája) eltökélt gyakorlása révén.† 29

Más áhítatos hívők a megfelelő étrend kialakításával ajánlják fel a *prána* különböző fajtáit és működéseit áldozatul az egyetlen általános *prána* tüzében. 30

Minden ilyen áhítatos hívő (az előzőekben felsorolt *jadzsnák* beavatottja) ismerője a valódi tűzszertartásnak (a bölcsességének), mely elemészti karmikus bűneit. 30

---

* Szó szerint *yajñāya*, „áldozati imádat céljából"; ācaratas, „belevetni a tűzbe".

† Bővebb magyarázatért lásd az V:27–28 verseket kísérő keretes szöveget a 96. oldalon.

E spirituális tűzszertartások nektármaradékából részesülvén (a jógik) a Végtelen Szellembe (Brahman) jutnak. Ám e Szellemre eszmélés nem jut osztályrészül a közönséges világi embereknek, akik nem végzik el a valódi spirituális szertartásokat. Valódi áldozat híján, ó, Kuruk Virága (Ardzsuna), miből is fakadna bármely jobb világ (bármely jobb lét vagy emelkedett tudatállapot)? 31

A különböző spirituális szertartások (bölcsességgel vagy anyagi tárgyakkal végzett *jadzsnák*) ekként megtalálhatók a Védák bölcsességtemplomában („Brahman szájában"). Tudd, hogy cselekvésből sarjad valamennyi; és ennek tudatában (s e cselekedetek végrehajtásával) rálelsz a megváltásra. 32

A bölcsesség spirituális tűzszertartása, ó, Ellenség Felprédálója (Ardzsuna), bármely anyagi szertartásnál előrébb való. A bölcsesség minden cselekedet maradéktalan teljességének (a tettnek, okának és karmikus következményének) betetőzése. 33

A mindeneket megtisztító bölcsesség, amelyet a valódi guru adhat át

Érts meg jól! Az igazságra ráeszmélt bölcsek úgy adhatják át neked

Ki teljesíthet szolgálatot guruként?

A *Guru-guta* (17. vers) találóan jellemzi a gurut „a sötétség eloszlatójaként" (a *gu* vagyis „sötétség", és a *ru*, azaz „eloszlató" tövekből). Bár manapság a *guru* szót gyakorta használják akkor is, amikor egyszerűen egy tanítóra vagy oktatóra utalnak, a valódi guru mindig isteni megvilágosodásban részesült személy. Az ilyen ember az önmaga feletti uralom megszerzése során ráeszmélt azonosságára a mindenütt jelenlévő Szellemmel, s ekként egyedül hivatott arra, hogy irányítsa az istenkeresőt a megvilágosodás és felszabadulás felé vezető, spirituális útján.

„A guru társaságában lenni – írta Szvámi Srí Juktésvar A *szent tudomány*ban – nem pusztán azt jelenti, hogy keressük fizikai jelenlétét (hiszen ez olykor lehetetlen), hanem sokkal inkább azt, hogy a szívünkben őrizzük őt, egyek vagyunk vele elviekben, és összehangolódunk."

bölcsességüket, ha aláveted magad (a gurunak), kérdéseket teszel fel (a gurunak és tulajdon benső észlelésednek), és szolgálatot teljesítesz (a gurunak).₃₄

Ha e bölcsességre egy gurutól teszel szert, akkor te, ó, Pándava (Ardzsuna) többé nem esel a káprázat áldozatául; hisz e bölcsesség révén megpillantod az egész teremtést önmagadban, majd Énbennem (a Szellemben). 35

Még ha a legfőbb bűnös volnál is mind közül, a bölcsesség egyetlen tutaján biztonsággal átkelsz a bűnnek tengerén. 36

Ó, Ardzsuna, amiként a fellobbantott láng hamuvá omlasztja a tűzifát, úgy emészt hamuvá a bölcsesség tüze minden karmát. 37

Bizony, e világon semmi sem tisztít meg úgy, mint a bölcsesség. Az áhítatos hívő, kinek előmenetele a jógában sikeres, természetes módon ráeszmél majd erre Énjében. 38

Az áhítatos ember, ki elmerül a Végtelenben, és uralja érzékeit, elnyeri a bölcsességet. Miután szert tett a bölcsességre, csakhamar eléri a legteljesebb békességet is. 39

A tudatlan, az áhítatnak híján lévő és kétségekkel telt ember végül elvész. A nyughatatlan sem e világot (a földi boldogságot) nem bírja, sem a következőt (az asztrális boldogságot), és nincsen része Isten mindenekfelett való boldogságában sem. 40

Ó, Kincs Elnyerője (Ardzsuna), aki lemondott a tevékenykedésről a jóga segítségével, és bölcsességgel foszlatta szét kételyeit, az megleli egyensúlyát az Énben; és tettek szövevényébe többé nem gabalyodik. 41

Ekként, ó, Bhárata Leszármazottja (Ardzsuna), emelkedj! Keress menedéket a jógában, a bölcsesség kardjával hasítsd szét e tudatlanságból született kételyt, mely szívedben az Énnel kapcsolatban honol! 42

Aum, Tat, Szat.

A szent Bhagavad-gíta upanisádban – Az Úr Krisna Ardzsunával folytatott beszélgetésében, amely a jóga szentírása és az Istenre eszmélés tudománya – ez a negyedik fejezet, amelynek címe „Dzsnyána-jóga”

(Egyesülés az Isteni Lény megismerése révén).

V. FEJEZET

Szabadság a benső lemondás útján

Mi üdvösebb: a világban szolgálni, vagy elvonultságban keresni a bölcsességet?

Ardzsuna mondá:

Ó, Krisna, a cselekedetekről való lemondást hirdeted; ugyanakkor a végrehajtásukat tanácsolod. E kettő közül melyik a jobb út? Kérlek, mondd meg nékem egyértelműen.   1

Az Áldott Úr így felelt:

A megváltást a lemondás és a cselekvés révén egyaránt meglelheted. Ám e kettő közül a cselekvés jógája üdvösebb, mint a tevékenységekről való lemondás.   2

Ó, Erőskarú (Ardzsuna), azt tekintheted állhatatos *szannjászí*nak (lemondónak), minden szövevényből könnyűszerrel szabadulónak, ki nem táplál rokon- s ellenszenveket, mert a kettősségek (a Természet ellentétpárjai) nem kötik.   3

A bölcsesség útja (szánkhja) és a spirituális tevékenység útja (jóga) különbségeiről nem a bölcsek, csupán a gyermekek beszélnek. Aki bármelyikben igazán meghonosodott, mindkettő gyümölcseit elnyeri.   4

A bölcsek (a *dzsnyána-jógik*, kik sikeresen követik az ítélőképesség bölcs útját, a szánkhját) által elért állapotig a cselekvők (a karma-jógik, kik a jóga tudományos módszereinek követése révén érnek célt) is eljutnak. Azé az igazság, aki a bölcsességet s helyes cselekvést egynek látja.*   5

---

* Lásd a *dzsnyána-* és a *karma-jóga* ezoterikus és exoterikus jelentésének magyarázatát az 56. oldalon.

A szabadsághoz vezető út a Gítában: Meditáció Istenről és vágy nélküli tevékenység

Ám a lemondásig, ó, Erőskarú (Ardzsuna), bajos az Istennel egyesítő cselekedetek (jóga) nélkül eljutni. A jóga gyakorlása révén a *muni* („akinek elméje elmerült Istenben") egykettőre eléri a Végtelent. 6

Semmi szenny (karmikus következmény) nem tapad a megtisztult cselekvőre, aki az isteni egyesülést (jógát) gyakorolja, aki (a lélek-észlelés megvalósításával) legyőzte ego-tudatát, aki diadalmaskodott érzékei felett, és aki énjét a minden lényben ott lakozó Énnek érzi. 7

Az igazság Istennel egyesült ismerője önkéntelenül is úgy érzékeli, hogy „én magam semmit sem teszek" – jóllehet lát, hall, tapint, szagokat érez, eszik, mozog, alszik, lélegzik, beszél, elvet, megtart, kinyitja és lehunyja szemét –, ráeszmélvén, hogy csupán (a Természet által cselekvésre ösztönzött) érzékek működnek az érzékelés tárgyai között. 8-9

Amiként a lótusz leveléről lepereg a víz, úgy a cselekvő jógit – ki esküvel mond le minden kötődésről, s tetteit a Végtelennek ajánlja – sem kötheti gúzsba az érzékek szövevénye. 10

A jógik az ego megtisztítása végett csakis úgy cselekszenek (a tevékenység eszközeivel) testükkel, elméjükkel, ítélőképességükkel vagy akár érzékeikkel, hogy minden kötődést levessenek (nem hagyják beavatkozni az egót a maga kötődéseivel és vágyaival). 11

Az Istennel egyesült jógi, elhagyván kötődését cselekedetei gyümölcseihez, eléri a rendíthetetlen békességet (az önfegyelemből szülctő békét). Aki nem egyesül Istennel, azt vágyai vezérlik; e kötődés továbbra is béklyóba veri. 12

Az Én mint transzcendens tanú: üdvös boldogságba rejtezik a világ hatásaitól mentesen

Ha a testet öltött lélek, az érzékek ura gondolatban lemondott minden tevékenységről, üdvös boldogságban elpihen testének kilenckapujú városában – sem maga nem cselekszik, sem másokat (az érzékeket) nem késztet cselekvésre. 13

Az Úristen nem plántálja belé az emberekbe a cselekvés tudatát, nem készteti őket tettekre, és nem köti meg őket a tettek gyümölcseivel. Mindez a Csalóka Kozmikus Természetből ered.   14

A Mindent Átható nem vezet számadást senki erényeiről vagy bűneiről. A kozmikus káprázat homályosítja el a bölcsességet; ez zavarja meg az emberi nem fejét.   15

Azonban akik eloszlatták a tudatlanságot az Én megismerésével, azokban a bölcsesség megvilágosító napként ragyogtatja fel a Legfelsőbb Ént.   16

Gondolataik elmerülnek Abban (a Szellemben), lelkük egyesül a Szellemmel, Néki szentelik minden hűségüket és áhítatukat, s a bölcsesség ellenszere megtisztítja lényüket a káprázat mérgétől – az ilyen emberek eljutnak a vissza nem térés állapotába.   17

Az Énjükre eszmélt bölcsek egyforma szemmel tekintenek a tanult és alázatos bráhminra, egy tehénre, egy elefántra, egy kutyára és egy számkivetettre.   18

Akiknek elméje megállapodott eme egyformaságnál, azok már e világban felülkerekednek a lét viszonylagosságain (születésen és halálon, gyönyörűségen és fájdalmon). Ezáltal emelkednek ők a Szellem – bizony, a makulátlan és tökéletes egyensúlyban lévő Szellem – trónusára.   19

Ekként a Szellem ismerőjét, ki a Legfelsőbb Lényben lakozik megingathatatlan ítélőképességgel, káprázattól el nem vakítva, sem a kellemetes élmények nem késztetik ujjongásra, sem a kellemetlenek nem csüggesztik el.   20

Az érzékek világának meghaladása, az enyészhetetlen üdvös boldogság elérése

Az érzékek világához nem vonzódó jógi részeltetik az Én lényegéből fakadó, örökkön megújuló örömben. Lelkének a Szellemmel alkotott isteni egységébe merülvén e jógi eljut az enyészhetetlen üdvös boldogságig.   21

Ó, Kuntí fia (Ardzsuna)! Mivel az érzéki gyönyörök a külvilággal való érintkezésből erednek, s feltámadnak és tovatűnnek (kérészéletűek), csupán nyomorúságot fiadznak. Egyetlen bölcs sem várja tőlük a boldogságot.   22

Az az igazi jógi, aki itt e földön egészen a halála pillanatáig képes uralni a vágy és harag valamennyi ösztönzését. Õ a boldog ember!   23

Csak az a jógi válik eggyé a Szellemmel (miután megszabadult a fizikai, asztrális és ideatesthez kapcsolódó karmától), aki birtokában van a bensõ Üdvös Boldogságnak, aki lelkének szilárd Alapján nyugszik, aki egy a belsõ Fényességgel. Az ilyen jógi éri el a teljes felszabadulást a Szellemben (már testi életében).   24

A risik (bölcsek) bûneiket eltörölvén, kételyeiket kiirtván, érzékeiket leigázván elõmozdítják az emberi nem jólétét, s elnyerik a Szellem birodalmának szabadságát.   25

A vágytól és haragtól mentes, elméjüket uraló és Énjükre eszmélt lemondók mind e világon, mind a túlvilágon teljesen szabadok.   26

A muni – aki a megszabadulást tartja élete egyetlen céljának, s ekként levetkõzi magáról a sóvárgásokat, félelmeket és haragot egyaránt – uralja érzékeit, elméjét és értelmét, s a prána- és apána-áramok kiegyenlítésének vagy semlegesítésének (technikája) révén, melyek orrlyukaiban ki- és belégzés formájában nyilvánulnak meg, megszakítja érintkezésüket a külvilággal. Tekintetét a két szemöldöke közötti pontra szegezi (ekként alakítva át a testi látás kettõs áramát a mindentudó asztrális szem egységes áramává). Az ilyen muni elnyeri a teljes felszabadulást.* 27–28

Aki felismeri Énbennem a szent szertartások (jadzsnák) és az (áhítatos hívõk által felajánlott) vezeklés Élvezõjét, a teremtés Végtelen Urát, és minden teremtett lény Jó Barátját, az békességre lel.   29

Aum, Tat, Szat.

A szent Bhagavad-gíta upanisádban – Az Úr Krisna Ardzsunával folytatott beszélgetésében, amely a jóga szentírása és az Istenre eszmélés tudománya – ez az ötödik fejezet, melynek címe „Egyesülés a cselekvés gyümölcseirõl való lemondás révén".

---

* Lásd a keretes szöveget a következõ oldalon.

Krijá-jóga: a megvilágosodás legmagasabb technikája a Bhagavad-gítában

E két strófában [V:27–28], illetve a IV:29-ben a Bhagavad-gíta minden elvonatkoztatást és általánosítást sutba hajítva hivatkozik a megváltás konkrét technikájára – a Krijá-jógára...

A Krijá-jóga különleges technikája révén a prána beáradó lélegzetét és az apána kiáradó leheletét hűvös és meleg áramlatokká alakítjuk. A Krijá-jóga gyakorlásának kezdetén az áhítatos hívő érzi, ahogyan a prána hűvös áramlata felfelé, az apána meleg áramlata pedig lefelé halad a gerincén... Amikor azután a krijá-jógi megtanulja a be- és kiáradó lélegzetet a gerincén fel-alá folyó hűvös és meleg áramlatok érzetévé oldani, akkor úgy érzi, hogy testét az életerő e benső áramai tartják fenn, nem pedig melléktermékük, a légzés...

Fokozatosan azon veszi észre magát, hogy e két hátgerinci áramlat egyetlen életerővé alakul át, amely delejesen vonzza magához a prána megerősítéseit valamennyi testi sejtből és idegből. Ez a felerősödött életáram felfelé folyik a szemöldökök közötti pontig, és a háromszínű, gömb alakú, asztrális szemként válik láthatóvá: fénylő napkorongként, amelynek közepében egy kék gömb vesz körül egy ragyogón sziporkázó csillagot. Jézus maga is utalt erre a „tiszta" szemre a homlok közepén, és az igazságra, miszerint a test lényegében fényből áll, a következő szavakkal: „Ha azért a te szemed tiszta, a te egész tested világos lesz."

A Bhagavad-gíta e strófája rávilágít annak szükségszerűségére, hogy semlegesítsük vagy „kiegyenlítsük" a prána és apána áramlatait. Ezt az eredményt a Krijá-jóga gyakorlásával érhetjük el, amely újra feltölti a testi sejteket a benső kozmikus élettel, és ekként kiegyenlíti – vagyis elcsitítja és szükségtelenné teszi – a be- és kilégzést... A légzés elnyugszik, az élet elnyugszik, az érzékek és gondolatok feloldódnak. Az élet és tudat isteni fénye, amelyet az áhítatos hívő az agy-gerincvelői központokban érez, eggyé válik a Kozmikus Fénnyel és Kozmikus Tudattal...

E lépésről lépésre haladó, tudományos módszer révén a jógi valóban felüle-melkedik az érzékein, éspedig nem pusztán gondolatainak valamiféle eredmény-telen elterelése révén... Tudományos módszerrel tanulja meg a gerincbe és az agyba terelni az öt érzék csatornájából érkező áramlatokat, és ekként egyesíteni tudatát a hét központban támadó, magasabb rendű, spirituális észleletek örömé-vel. Amikor képessé válik rá, hogy még tevékeny állapotában is maradandóan elmerüljön az isteni üdvös boldogságban, megszabadul arra irányuló vágyaitól, hogy a külvilág tárgyaiban lelje élvezetét. A jógi az isteni feleszmélés nyugalmát sugározza magából, és többé nem háborítja félelem és harag holmi anyagi vágyak kielégítetlensége miatt. Úgy találja, hogy lelke immár nem kötődik az anyaghoz, hanem örökre egyesült a Szellem kozmikus üdvös boldogságával.

VI. FEJEZET

Örök menedék a Szellemben
a jógameditáció révén

A valódi lemondás és az igazi jóga a meditáción alapul

Az Áldott Úr mondá:

Az a valódi lemondó és egyben az igazi jógi, aki anélkül végzi el kötelességszerű és spirituális cselekedeteit (*karjam* és *karma*), hogy vágyakozna gyümölcseikre – nem pedig az, aki nem végez tűzszertartást (áldozatot), és felhagy a cselekvéssel.   1

Értsd meg, ó, Pándava (Ardzsuna), hogy amit a szentírások lemondásnak neveznek, az nem egyéb, mint a jóga; hiszen aki nem mondott le az önző késztetésről (*szankalpa*), abból nem válhat jógi.   2

A felemelkedést óhajtó *muni* „útjának" az isteni egyesülésre (jóga) irányuló meditatív cselekvést (*karma*) nevezik; amikor azután tökéletesen elsajátította e jógát, a tétlenség mondatik az „ő útjának".   3

Aki felülkerekedett mind az érzékek tárgyaihoz, mind a cselekvéshez való kötődésén, és megszabadult minden ego ösztökélte tervezgetéstől – arról az emberről mondják, hogy eljutott a léleknek a Szellemmel történő szilárd egyesüléséig.   4

A kicsiny én (ego) átalakítása az
Isteni Énné (lélekké)

Tulajdon énjével emelje fel az ember az ént (egót); ne hagyja, hogy énjét önmaga fokozza le (vesse a mélybe). Az én valóban önmaga barátja; ám az én egyben önmaga ellensége is.   5

Akinél az Én (lélek) legyőzte az ént (ego), annál az Én az énnek barátja; ám bizony mondom, akinek énje nincs leigázva, annak énjével az Én ellenségesen, ellenlábasként viselkedik.* 6

A megbékélt bölcs, ki diadalt aratott az énen (ego), egyszer s mindenkorra teljességgel otthonra lelt a Legfelsőbb Énben (a Szellemben), érje bár hideg vagy meleg, gyönyörűség vagy fájdalom, dicséret vagy szemrehányás. 7

Arról a jógiról mondják, hogy felbonthatatlanul egyesült a Szellemmel, aki örömmel elmerül az igazságban és az Énre eszmélésben. A változhatatlan jógi, érzékei hódítója egyforma szemmel néz földre, kőre, aranyra. 8

A legkiválóbb jógik változhatatlan kedéllyel tekintenek minden emberre – pártfogóra, barátra, ellenségre, idegenre, közbenjáróra, gyűlöletes lényre, rokonra, erényesre vagy istentelenre. 9

Krisna tanácsa a jóga sikeres gyakorlásához

A jóginak a folyton felbukkanó vágytól és a javak utáni sóvárgástól mentesen, szívét (az érzés hullámait) a lélek uralma alá vetve(jóga-összpontosítással), egy csendes helyen magányba vonultan, szüntelen azon kell igyekeznie, hogy egyesüljön a lélekkel. 10

A jógi egy tiszta területen készítsen magának szilárd (nem ingadozó) ülőhelyet, sem túl magasan, sem túl alacsonyan, s először *kusa*fűvel fedje le, majd szarvas- vagy tigrisbőrrel, végül posztóval. 11

Ülőhelyén megtelepedve összpontosítsa elméjét egy pontra, hajtsa uralma alá képzelőtehetsége (a *csitta*, vagyis érzés – a megjelenítőképesség) és érzékei működését, s ekként gyakorolja a jógát önmaga megtisztítása végett. 12

A jógi gerincét, nyakát szilárdan tartsa, fejét pedig egyenesen és mozdulatlanul, s így szegezze tekintetét az orrtövére (a két szemöldök közötti pontra); ne pillantgasson körül minden irányban. 13

A jógi derűsen és félelem nélkül, a brahmacsárjában rendíthetetlenül,

---

* Lásd az 5. és 6. vers magyarázatát a 51–52. oldalon.

elméjét uralva, Énreám összpontosított gondolatokkal üljön, Rajtam mint a Végső Célon meditálva. 14

A fegyelmezett jógi – aki elméjét maradéktalanul uralja – lelkét ekként szüntelen meditatív egyesülésbe merítvén a Szellemmel, elnyeri az Én lényem békességét; a végső nirvánát (felszabadulást). 15

Ó, Ardzsuna! Az ínyenc, a koplaló, az álomszuszék s a szertelenül virrasztó nem érhet el sikert a jógában. 16

Aki kellő rendszerességgel táplálkozik, pihen, dolgozik, s osztja be alvása és ébrenléte idejét, az megleli a jógában a szenvedés szertefoszlatóját. 17

Az önmagunk és elménk feletti uralom megszerzése

Midőn a jógi teljességgel leigázta a *csittát* (érzést), és elnyugodván biztos alapra lelt az Énben, ekként megszabadulván kötődésétől mindennemű vágyhoz, akkor Istennel egyesültnek neveztetik. 18

A jógi, aki az Énről folytatott meditáció gyakorlásával felülkerekedett érzésein (*csitta*), szélvédett helyen rezdületlen lánggal égő gyertyához hasonlítható. 19

Az érzések (*csitta*) teljes elnyugvásának jógameditáció által elért állapota, melyben az én (ego) az Énként (lélek) észleli önmagát, s elégedett (rögzült) az Énben; 20

Az állapot, melyben a feleszmélt, intuitív értelem megismeri az érzékeken felülemelkedő, mérhetetlen üdvös boldogságot, és amelyben a jógi megmarad trónján, hogy onnan többé soha el ne mozduljon; 21

Az állapot, melyet a jógi – ha egyszer rátalált – minden más kincsnél többre értékel; s lehorgonyozván benne, immár a szívszakasztó bánatra is érzéketlen; 22

Ezt az állapotot jógaként – a fájdalommentesség állapotaként – ismerik. A jógát ennélfogva eltökélt rendszerességgel és erős szívvel kell gyakorolni. 23

A jógi mondjon le kivétel nélkül minden *szankalpá*ból (tervezgetésből) születet sóvárgásáról, és pusztán elméjével hajtsa maradéktalan uralma alá az érzékszerveket, az érzékelőképességeket, valamint kapcsolatukat az érzékek mindenütt jelenlévő tárgyaival.   24

Intuitív ítélőképességét türelemmel áthatván, elméjét a lélekben el-
merítvén a jógi megtisztítja az elmét minden gondolattól, s lassú fokon-
ként eljut a megbékélésig.   25

Valahányszor a csapongó és nyughatatlan elme – bármilyen okból –
elkalandozik, a jógi vonja vissza gondolatait e figyelemelterelő tényezők-
től, és térítse vissza Énje kizárólagos uralma alá.   26

A jógi, aki teljességgel elcsitította elméjét, uralma alá vonta szenvedé-
lyeit, s megszabadította őket minden tisztátalanságtól,* és aki egy a Szellem-
mel – az bizonnyal elérte az áldott kegyelem legmagasabb állapotát.   27

A jógi, aki minden tisztátalanságtól megszabadulván, ekként szünte-
lenül a jóga tevékenységével (az isteni egyesüléssel) foglalja el Énjét, köny-
nyűszerrel eléri a Szellemmel való folyamatos egybeolvadás áldott, ke-
gyelmi állapotát.   28

---

* Szó szerint „ő megszabadult minden tisztátalanságtól". Magáról a jógiról mondják, hogy ha először
összpontosításával elcsitítja elméje tevékenységét és szenvedélyeit, és ezáltal megtisztul a kettősségek
szennyétől, akkor mentessé válik minden tisztátalanságtól.

Mi a brahmacsárja (14. vers)?

[A brahmacsárja, amelyen rendszerint az önuralmat, kivált a nemi ösz-
tön megfékezését értik, egyike az öt jámának (vallási tilalomnak), amelye-
ket Patandzsali Nyolcrétű Jógaösvényének első lépéseként említenek. Para-
mahansza Jógánanda a 14. vershez fűzött magyarázatában így írt:]

„A brahmacsárjában állhatatos személyt szüzességi fogadalmat tartó nö-
vendéknek nevezik, aki hűségesen megmarad a szent életvitel mellett, s el-
merül a magasztos tanulmányokban és önmaga fegyelmezésében. Az előírt
védikus terv szerint alapjában ez a spirituális élet kezdete minden törekvő
hívő számára. A »brahmacsári-vrate« kifejezés itt mélyebb értelemmel is
bír: szó szerint olyan embert jelöl, »akinek tevékenységi köre vagy áhíta-
tos tette (vrata) az Aum (brahmá: a szent hang, a sabda-brahman) gyakor-
lása (chāra)«. A tökéletes brahmacsári tehát az a személy, aki az Aum han-
gon rendszeresen meditálva kalandozik vagy jut előre a Teremtőként vagy
Szent Rezgésként – az Aum, ámen avagy a Szentlélek formájában – meg-
nyilvánuló Brahman birodalmában.

Miután lelke a jóga révén egyesült a Szellemmel, s egyformán tekint mindenekre, a jógi megpillantja (Szellemmel egyesült) Énjét valamennyi teremtményben, és valamennyi teremtményt meglátja a Szellemben.   29

Aki észrevesz Engem mindenütt, és mindent megpillant Énbennem, az sosem veszít szem elől, és Én sem tévesztem szem elől őt.   30

Az a jógi marad meg örökre Énbennem, aki – az isteni egységben lehorgonyozván, bármi légyen is létmódja –, ráeszmél, hogy Én minden lényt áthatok.   31

Ó, Ardzsuna, az a legkülönb jógi, aki bánatban-örömben éppúgy együtt érez másokkal, mint magamagával.   32

Az Úr ígérete:
az állhatatos jógi végül győzedelmeskedik

Ardzsuna mondá:

Ó, Madhuszúdana (Krisna), nyughatatlanságom következtében nem érzékelem a kiegyenlítő jóga ama tartós és maradandó hatásait, amelyekről Te beszámoltál nekem.   33

Bizony mondom, az elme ingadozó, zsivajgó, hatalmas és csökönyös! Ó, Krisna, úgy vélem, az elmét éppoly nehéz uralni, miként a szelet!   34

Az Áldott Úr mondá:

Ó, Mahábahó („erőskarú" Ardzsuna) az elme kétségtelenül ingatag és rakoncátlan; mindazonáltal a jóga és a szenvedélymentesség gyakorlása révén, ó, Kuntí fia (Ardzsuna), az elme is uralmunk alá vonható.   35

Halld szavam: a jógát a féktelen ember bajosan sajátíthatja el; azonban aki uralkodik önmagán, az a megfelelő módszerekkel képes lesz sikerre vinni törekvéseit.   36

Ardzsuna mondá:

Ó, Krisna! Mi történik azzal az emberrel, ki sikertelen marad a jógában – aki odaadón igyekezett meditálni, ám képtelen volt úrrá lenni magán, mert elméje folyton elkalandozott a jóga gyakorlása során?   37

Nem fog-e vajh a jógi szétfoszló felhőként elenyészni, ha nem leli

meg az utat Brahmanhoz (a Szellemhez) – ha ekként nem talál oltalmat
Őbenne, és káprázatba merülvén mindkét útról (az Istennel való egyesü-
lés és a helyes cselekvés útjáról) letéved?*   38

Kérlek, oszlasd el örökre minden kételyemet, ó, Krisna! Kívüled senki
más nem űzheti el bizonytalanságomat.   39

Az Áldott Úr mondá:

Ó, Ardzsuna, Én fiam! A jó cselekedetek végrehajtója sosem lel vesz-
tére; sosem kerül végső szorultságba sem e világon, sem a túlvilágon!   40

A bukott jógi bebocsátást nyervén az erényesek birodalmába, számos
évig marad ott; utána jó és gyarapodó otthonban születik újjá e földön.   41

Vagy épp megvilágosodott jógik családjában ölt újra testet; noha az
ehhez fogható születést sokkalta nehezebb elnyerni e földön!   42

Ott pedig, Ardzsuna, visszaszerzi a korábbi létezésében elsajátított
jóga-ítélőképességet, és még fáradhatatlanabbul törekszik a spirituális si-
kerre.   43

Hajdani jógagyakorlatának hatása elegendő ahhoz, hogy mintegy
előrelendítse a jógit fejlődésének útján. Még az elméleti jóga buzgó ta-
nulmányozója is messzebbre jut, mint a szentírások külsődleges szertar-
tásainak követője.   44

Serényen követve eme ösvényt, a számos születése erőfeszítései révén
tökéletesedett jógi megtisztul a bűntől (a karmikus szennytől), és végül
belép a Legfelsőbb Boldogságba.   45

A jógit fölébe helyezik a testüket sanyargató aszkétáknak, fölébe még
a bölcsesség vagy a cselekvés útjának követőinek is; légy hát te magad is
jógi, Ó, Ardzsuna!†   46

Ám Én minden rendű s rangú jógi közül azt tartom a legkiegyensúl-

---

* Utalás a két különböző útra e fejezet első versében, amely a jógit alapvetően az elragadtatott me-
ditáció isteni egyesülés felé vezető útján járó emberként írta le, a lemondót pedig olyan személyként,
aki a benső lemondás útját követi, s elvégzi ugyan a kötelességszerű és meditatív cselekedeteket, ám
nem kötődik ezek gyümölcseihez, és nem is vágyik rájuk. A kötődésektől mentes, meditatív jógi és a
benső lemondást választó, tevékeny és áhítatos hívő, aki meditál, egyaránt eszményi jógik, kik az Is-
tennel való egyesülés útján járnak. Ez a vers az olyan jógik sorsával foglalkozik, akiknek törekvéseit
nem koronázta teljes siker.

† E vers magyarázatát lásd az 51-őt követő oldalakon.

yozottabbnak, ki lelkét Nekem szentelve áhítattal elmerül Énbennem. 47

Aum, Tat, Szat.

A szent Bhagavad-gíta upanisádban – Az Úr Krisna Ardzsunával folytatott beszélgetésében, amely a jóga szentírása és az Istenre eszmélés tudománya – ez a hatodik fejezet, melynek címe „Dhjána-jóga: Egyesülés a meditáció révén".

VII. FEJEZET

A Szellem természete és a természet szelleme

„Halld meg, hogyan eszmélhetsz Énreám!"

Az Áldott Úr mondá:

Ó, Pártha (Ardzsuna), halld meg, hogyan eszmélhetsz Énreám maradéktalan teljességemben (ismerhetsz meg Engem valamennyi tulajdonságommal és képességemmel egyetemben), minden kételytől mentesen, ha elmédet elmeríted Énbennem, ha Bennem keresel menedéket, és követed a jóga útját. 1

Hiánytalanul elébed tárom mind az elméleti bölcsességet, mind azt a tudást, mely csak az intuitív eszmélés révén megismerhető – s ezek birtokában az égvilágon semmi sem marad ismeretlen előtted. 2

Az emberek ezrei közül tán egy akad, ki spirituális beteljesülésre törekszik; és ama áldott igazságkeresők közül, akik lankadatlanul igyekeznek elérni Engem, talán egy van, ki tényleges Valómban megismer. 3

Prakriti: A Szellem kettős természete a teremtésben

Az Én kinyilvánított természetem (Prakriti) nyolcfelé, a következőkre oszlik: föld, víz, tűz, levegő, éter, érzéki elme (*manasz*), értelem (*buddhi*) és egoizmus (*ahamkára*). 4

Íme, ilyen az én alacsonyabb rendű természetem (Apará-Prakriti). Ám tudnod kell, ó, Erőskarú (Ardzsuna), hogy az Én másik és magasabb rendű természetem (Pará-Prakriti) a *dzsíva,* a kozmoszt fenntartó öntudat és életelv. 5

Értsd meg hát, hogy e kettős Természetem, a tiszta és tisztátalan Prakriti az anyaméh, melyből minden lény ered. Én vagyok az egész

104

kozmosz Nemzője és Felbomlasztója. 6

Így tartja fenn a Teremtő a megnyilvánuló teremtést

Ó, Ardzsuna! Nálamnál magasabban vagy Énrajtam túl semmi sincsen. Minden dolog (az élőlények és tárgyak) Énhozzám van kötve, miként ékkövek sora egy fonálon. 7

Ó, Kuntí fia (Ardzsuna), Én vagyok a víz folyékonysága; Én vagyok a hold és a nap fényének sugárzása; Én vagyok az *Aum* (*pránava*) valamennyi Védában; a hang az éterben, és a férfiasság a férfiban. 8

Én vagyok a föld áradó, egészséges illata; a tűz sziporkázása; az élet valamennyi élőlényben, és az önfegyelem a remetében. 9

Tudd meg, hogy Én vagyok minden élőlény örökkévaló magja, ó, Prithá fia (Ardzsuna)! Én vagyok az éles elméjűek értelme, az eleven lények kisugárzása. 10

A hatalmasok között, ó, Bháraták Legkiválóbbika (Ardzsuna), Én vagyok a sóvárgásoktól és kötődéstől mentes hatalom. Én vagyok az emberek vágya, mely összhangban van a *dharmá*val (igazságossággal). 11

Tudd meg, hogy a *szattva* (jó), a *radzsasz* (tevékenység) és a *tamasz* (gonosz) minden megnyilvánulása belőlem árad. És bár ezek Énbennem léteznek, Én nem bennük létezem. 12

A kozmikus káprázat (májá), és a mód, mellycl felülemelkedhetünk rajta

A halandók e világa nem észlel Engem a magam változhatatlan és tulajdonságok felett álló valómban, mivel elkápráztatja őket a Természet hármas létmódja. 13

Valóban nehéz túllépni az Én kozmikus káprázatom hatásán, melyet a hármas sajátság hat át. Csak azok szabadulnak meg eme érzékcsalódás hatalma alól, akik Énbennem (a Kozmikus Káprázat Előidézőjében) keresnek menedéket. 14

Az emberek legalantasabbjai, gonosztettek elkövetői és félrevezetett balgák, akiket a *májá* (káprázat) megfosztott ítélőképességüktől, a démoni lények útját követik, és elmulasztanak menedéket keresni Énbennem.　15

A szenvedők, a tudás kutatói, az evilági és másvilági hatalomra áhítozók,* és a bölcsek – ez az igaz emberek négy csoportja, mely Engem követ.　16

A legkülönb közülük a bölcs, kinek áhítata lankadatlan és egy pontra irányul. Mert szerfelett kedves vagyok Én a bölcsnek, és ő is szerfelett kedves Énnekem.　17

Mindezek (a négy csoport tagjai) nemesek, de a bölcsben látom meg valóban a Saját Énemet. Rendíthetetlenül megállapodott ő Énnálam mint egyedüli s legvégső céljánál.　18

A bölcs számos megtestesülés múltán eljut Énhozzám, ráeszmélvén: „Az Úr mindent betölt!" Ám ritkán találni ekképp megvilágosodott embert.　19

Melyik „Istent" kell imádni?

Miután ítélőképességüktől megfosztotta őket ez vagy az a sóvárgás, az emberek tulajdon hajlamaiktól vezérelve ezt vagy azt a kultikus előírást követik, és kisebb istenekhez fordulnak.　20

Bármely megtestesülést (a testet öltött Istent, egy szentet vagy istenséget) igyekszik az áhítatos hívő hűségesen imádni, Én vagyok az, ki áhítatát megingathatatlanná teszem.　21

Eme áhítatban elmerülvén, s az adott megtestesülés imádatára eltökélten, az áhítatos hívő, ím, elnyeri sóvárgása gyümölcseit. Ám e beteljesülést bizony egyedül Én adom meg neki.　22

Csakhogy az ily gyér tudású emberek (kik kisebb isteneket imádnak) behatárolt eredményeket érnek el. Az istenségek hívei az istenségekhez mennek; az Én híveim Énhozzám jutnak el.　23

A bölcsesség híján lévők úgy hiszik, hogy Én, a Meg Nem Nyilvánuló testet öltök (ahogyan a halandó lények alakot öltenek) – nem lévén tisztában az Én felülmúlhatatlan állapotommal, az Én változhatatlan, kifejezhetetlen természetemmel.　24

---

* *Arthárthí*, szó szerint „akiben erős vágy él céljának vagy célkitűzésének elérésére"; vagyis aki áhítozik a beteljesülésben rejlő hatalom után jelen életében és a másvilágon.

A Szellem felismerése a Természet álom-árnyai mögött

Mivel tulajdon *jóga-májám* (a Természet hármas sajátságából születő káprázat) elrejt szemük elől, az emberek számára láthatatlan vagyok. A tévelygő világ nem ismer engem, a Születetlent és Halhatatlant.   25

Ó, Ardzsuna, Én tudomással bírok a múlt, a jelen és a jövő lényeiről egyaránt; Engem azonban senki sem ismer.   26

Ó, Bhárata Leszármazottja, Ellenség Felprédálója (Ardzsuna)! Születésekor minden élőlény a csalóka tudatlanságba merül (*moha*), hiszen elbűvöli őket a vágyódás és viszolygás ellentétpárjaiból fakadó káprázat.27

Azonban az igaz emberek, kiknek bűnei eltöröltettek, és kik többé nincsenek alávetve az ellentétek káprázatának, állhatatosan imádnak Engem.   28

Akik az enyészettől és haláltól megváltást keresve Belém kapaszkodnak, azok megismerik Brahmant (az Abszolút Valóságot), az *Adhjátmát* (a lelket mint a Szellem lakhelyét) a maga teljességében, és a karma valamennyi titkát.   29

Akik felismernek engem az *Adhibhútában* (a fizikai valóságban), az *Adhidaivában* (az asztrális valóságban) és az *Adhijadsznában* (spirituális valóságban) egyaránt, s szívük egyesült a lélekkel, azok haláluk óráján is észlelni fognak Engem.   30

Aum, Tat, Szat.

A szent Bhagavad-gíta upanisádban – Az Úr Krisna Ardzsunával folytatott beszélgetésében, amely a jóga szentírása és az Istenre eszmélés tudománya – ez a hetedik fejezet, melynek címe „A tudás és ítéletalkotó bölcsesség jógája".

VIII. FEJEZET

Az enyészhetetlen Abszolútum:
túl a teremtés és feloszlás körforgásán

A Szellem megnyilvánulásai a
makrokozmoszban és mikrokozmoszban

Ardzsuna mondá:

Ó, Purusák Legkiválóbbika (Krisna)! Áruld el nekem, kérlek, mi a Brahman (Szellem)? Mi az *Adhjátmá* (a *Kutasztha*-tudat, mely minden megnyilvánulás alapjaként és a kozmosz valamennyi lényének lelkeként létezik)? És mi az a Karma (az *Aum* hangból született kozmikus és meditatív cselekvés)? Mi az *Adhibhúta* (a fizikai lényekben és a fizikai kozmoszban rejlő tudat)? És mi az *Adhidaiva* (az asztrális testekben és az asztrális kozmoszban megnyilvánuló tudat)?　　1

Ó, Madhu démon Lemészárlója (Krisna)! Mi az *Adhijadzsna* (a Legfelsőbb Teremtő és Megismerő Szellem), és mi módon van jelen az *Adhijadzsna* (a lélekként) e testben? És miképpen ismerhet meg Téged halála óráján az önfegyelemmel rendelkező?　　2

Az Áldott Úr így felelt:

Az Elpusztíthatatlan és Legfelsőbb Szellem Brahman. Lényegben nem különböző megnyilvánulását (*Kutasztha Csitanja*ként és az egyéni lélekként) nevezik *Adhjátmá*nak. Az *Aum*ot (a Kozmikus Rezgést, avagy *Viszargá*t), mely az élőlények születését, fennmaradását és feloszlását, illetve természetük sokszínűségét előidézi, Karmának (kozmikus cselekvésnek) mondják.　　3

Ó, Legfőbb a Megtestesültek Között (Ardzsuna)! Az *Adhibhúta* a fizikai lét alapja; az *Adhidaiva* az asztrális létezés alapja; Én, a testben és a kozmoszban egyaránt ott lakozó Szellem pedig az *Adhijadzsna* (az Ősök, a Nagy Áldozó, mindenek Alkotója és Ismerője) vagyok.   4

A jógi tapasztalata halálakor

Végül, amikor elhagyja a testét, az Én Lényembe bocsáttatik be az, ki elmúlása óráján egyedül Reám gondol. Ez az igazság kétségen kívül áll. 5

Ó, Kuntí fia (Ardzsuna), az a gondolat határozza meg a haldokló következő létállapotát, amelyet testéből távozva táplál – hiszen huzamosan elidőzik ennél.   6

Ekként hát mindenkor emlékezz Reám, és vesd bele magad a tevékenység harcába! Add át Énnekem elmédet és értelmedet! Imígyen bizonnyal Énhozzám jutsz majd.   7

Az éri el a Legfelsőbb Tündöklő Urat, ó, Pártha (Ardzsuna), akinek jóga által megszilárdított elméje rezzenetlenül az Ő gondolatára irányul.   8

Halála idején a jógi akkor jut el a Legfelsőbb Tündöklő Úrhoz, ha szeretettel és a jóga hatalmával teljesen áthatja életerejét a két szemöldöke közötti pontban (a spirituális szem székhelyén), elméjét pedig rezzenetlenül ama Lényre irányozza, aki a sötétség minden káprázata mögött napként fényeskedik – ama Lényre, kinek alakja elképzelhetetlen, kifinomultabb a legfinomabb atomnál, mindenek Fenntartójára, a Nagy Uralkodóra, ki örökkévaló és mindentudó.   9-10

A Legfelsőbb elérésének módszere

Most pedig tömören beszámolok néked, miként érheted el Azt, amit a Védák látnokai Változhatatlannak nyilvánítanak, amit a lemondók kötődéseiket szertefoszlatván elnyernek, s amire vágyakozván önfegyelemben élnek.   11

Aki becsukja a test kilenc kapuját,* aki az elmét szív-központjába rekeszti, aki minden életerejét az agyába irányozza – vagyis aki ekként

---

* *Sarvadvārāṇi deham,* „a test minden kapuja". Ezek számát az V:13 vers határozta meg kilencben: „a test kilenckapujú városa". E kapuk a következők: a két szem, a két fül, a két orrlyuk, a kiválasztás és nemzés két szerve, valamint a száj.

állhatatosan gyakorolja magát a jógában, biztos alapra lelvén az *Aum-*
ban, Brahman Szent Igéjében, és emlékezik Énreám (a Szellemre) a test-
ből való végső kilépése idején, az bizonyosan eléri a Legmagasabb Célt.

12-13

Ó, Pártha (Ardzsuna)! Könnyűszerrel elér engem az egyenes szívű
jógi, aki nap mint nap szüntelenül emlékezik Énreám, elméjét eltökélten
Reám összpontosítva. 14

Miután nemes híveim eljutottak Énhozzám (a Szellemhez), elérték a leg-
főbb sikert; s többé nem születnek újjá a bánat és múlandóság e honában. 15

A kozmikus teremtés ciklusai

A világtól még meg nem szabadult jógik Brahmá magas szférájából
(az Istennel a *szamádhi*ban való egyesülésből) is visszatérnek (a világba).
Ám ha egyszer Belém (a transzcendens Szellembe) olvadtak, akkor nincs
többé számukra újjászületés, ó, Kuntí fia (Ardzsuna)!* 16

Azok a „nappal" és „éj" valódi ismerői, kik ismerik Brahmá Nappa-
lát, mely ezer világkorszakon (*jugán*) át tart, és Brahmá éjét, mely úgy-
szintén ezer világkorszakot ölel fel. 17

Brahmá Napjának hajnalán minden teremtmény újjászületve emel-
kedik ki meg nem nyilvánult állapotából; Brahmá éjének leszálltakor az
egész teremtett világ a meg nem nyilvánulás álmába süllyed. 18

Ó, Prithá fia (Ardzsuna), az emberek ugyanazon sokasága újra meg
újra megszületik tehetetlenül. Megtestesüléseik sora az Éj leszálltával vé-
get ér, majd a Nappal beköszöntével újra kezdetét veszi. 19

Azonban a meg nem nyilvánulók (a jelenségek világának létállapotai)
felett ott honol a valódi Meg Nem Nyilvánuló, a Változhatatlan, az Abszo-
lút Valóság, melyet nem érintenek a kozmikus feloszlás ciklusai. 20

A mondott Meg Nem Nyilvánulót, a Változhatatlan Abszolútat
ekként a Legfelsőbb Célnak nevezik. Akik elérik az Én legmagasabb

---

* Az e versben „emberi lényeknek" (vagyis olyan lényeknek, amelyek még halandó tudattal rendelkez-
nek) fordított szanszkrit lokasz szó jelentése „világokként" is visszaadható. Ezzel az értelmezéssel a vers
fordítása a következőképpen hangzik és vezet át a további versekhez:
„Minden világra, Brahmá magas szférájától (a durva földig) a visszatérés (véges törvénye) vonatkozik.
Ám azok az áhítatos hívők, ó, Ardzsuna, akik Énbelém olvadnak, megszabadulnak az újjászületéstől."

állapotomat, többé nem születnek újjá. 21

A szívből fakadó áhítat révén, ó, Prithá fia (Ardzsuna), érhető el e Legfelsőbb Meg Nem Nyilvánuló. Ő, a Mindenütt Jelenvaló minden teremtmény egyetlen Hona. 22

A megszabadulás útja az újjászületés körforgásából

Most feltárom néked az ösvényt, Bháraták Legkiválóbbika (Ardzsuna), melyen haladva a jógik haláluk óráján elérik a szabadulást; és azt az ösvényt is, mely az újjászületéshez vezet.* 23

Tűz, fényesség, nappal, a növekvő hold ideje, az észak felé haladó Nap hat hónapja – ha erre az ösvényre lépnek a távozás idején, Isten ismerői Istenhez térnek meg. 24

Füst, éjidő, a fogyó hold ideje, a dél felé haladó Nap hat hónapja – aki ezt az ösvényt követi, csak a holdfényben fürdik meg, majd visszatér a földre. 25

A világból való kilépés e két ösvényét öröknek tekintik. A fény útja megszabaduláshoz vezet, a sötétség útja újjászületéshez. 26

Egyetlen jógi sem tévelyedhet el soha (a sötétség útjára), ki tisztában van e két ösvény mibenlétével. Ekként hát, ó, Ardzsuna, mindenkor maradj meg szilárdan a jógában. 27

Aki ismeri az igazságot a két ösvényről, sokkalta nagyobb érdemeket szerez, mint amilyenek a szentírások tanulmányozásában, az áldozatokban, a vezeklésben vagy épp az ajándékozásban rejlenek. Az ilyen jógi eljut Legfelsőbb Eredetéhez. 28

Aum, Tat, Szat.

A szent Bhagavad-gíta upanisádban – Az Úr Krisna Ardzsunával folytatott beszélgetésében, amely a jóga szentírása és az Istenre eszmélés tudománya – ez a nyolcadik fejezet, melynek címe „Egyesülés az Abszolút Szellemmel".

---

* Amint az *Isten szavai Ardzsunához* terjedelmes szövegmagyarázata taglalja, a 23–28. vers mélyen jelképes utalásokat hordoz a jóga tudományára, és nem érthető meg pusztán szó szerinti olvasatként.

IX. FEJEZET

A királyi tudás, a királyi misztérium

Isten közvetlen észlelése a jóga „könnyedén végezhető" módszereivel

Az Áldott Úr mondá:

Néked, mivel zokszót nem ejtesz, ím feltárom a fenséges misztériumot (a Szellem immanens-transzcendens természetét). Ha intuitív módon ráeszmélsz e bölcsességre, minden bajtól megmenekülsz.   1

Eme intuitív eszmélés a tudományok királya, a fenséges titok, a páratlan megtisztulást hozó, a *dharma* (az igaz emberi kötelesség) lényege; ez az igazság közvetlen észlelése – az enyészhetetlen megvilágosodás –, melyhez igen könnyedén végezhető (jóga-) módszerekkel juthatsz el.   2

Kik nem hisznek e *dharmá*ban (nem végzik kellő odaadással a feleszméléshez vezető gyakorlatokat), nem jutnak el Énhozzám, ó, Ellenség Felprédálója (Ardzsuna)! Ők újra meg újra a *szamszára* (az újjászületés körforgása) halál-sötétbe burkolózó ösvényét tapodják.   3

Így hatja át az Úr az egész teremtést, s marad mégis felette álló

Én, a Meg Nem Nyilvánuló, áthatom az egész világmindenséget. Minden teremtmény Énbennem lakozik, Én azonban nem lakozom őbennük.   4

Ímhol az Én Isteni Misztériumom: láthatóan a teremtett lények nincsenek Bennem, és saját Énem sem honol őbennük, mégis egyedül Én vagyok Teremtőjük és Megőrizőjük!   5

Így értsd ezt: Ahogyan a levegő szabadon áramlik a tér (ákása) végtelenjében, és létének a tér ad otthont (miközben a levegő és a tér nem ugyanaz), éppúgy adok otthont Én valamennyi teremtmény létének (bár nem azonosak Velem). 6

Az egyes világkorszakok (*kalpák*) végén, ó, Kuntí fia (Ardzsuna), minden lény visszatér Kozmikus Természetem (Prakriti) meg nem nyilvánuló állapotába. A következő világkorszak kezdetén újra kivetem őket Magamból. 7

A Prakriti, Tulajdon kiáradásom újjáélesztésével mindannyiszor létrehozom a teremtmények e seregét, melyek egytől egyig alá vannak vetve a Természet véges törvényeinek. 8

Ám e tevékenységek nem gátolnak Engem, ó, Kincs Elnyerője (Ardzsuna), mert én megmaradok felettük állónak, egykedvűen és kötődések nélkül. 9

Ó, Kuntí fia (Ardzsuna), egyedül az Én termékenyítő jelenlétemnek köszönhetően hozhatja világra az Anyatermészet mind az élőlényeket és élettelen dolgokat. Énmiattam forognak a világok (a Prakriti révén) váltakozó körökben (a teremtés és feloszlás ciklusaiban). 10

A tudatlanok, mit sem sejtvén fölöttes természetemről minden teremtmény Alkotójaként, még az Én jelenlétem is alábecsülik, ha emberi alakot öltök. 11

Éleslátás híján ezek az emberek az ördögök és démonok tévelygő természetével bírnak, vágyaik, gondolataik és tetteik mind hiábavalók. 12

A *mahátmák* („nagy lelkek") természetében azonban, ó, Prithá fia (Ardzsuna), isteni tulajdonságok nyilvánulnak meg, Nékem ajánlják fel tántoríthatatlan elméjük hódolatát, hisz tudják, hogy Én vagyok minden élet enyészhetetlen Forrása. 13

Ők szüntelen Énbennem merülnek el, mélyen meghajolva imádnak, magas törekvéseikben szilárdak és eltökéltek, Hozzám fohászkodnak, s örökké az Én nevemet magasztalják. 14

Mások a tudás *jadzsnú*ját elvégezvén szintén Engem imádnak, a Kozmosz-testű Urat különféle módokon – először a Sokaságként, majd az

Egyetlenként.   15

Én vagyok a szertartás, Én vagyok az áldozat, az ősöknek juttatott
adomány, a gyógyfű, a szent ének, az olvasztott vaj, a megszentelt tűz és
a felajánlás.   16

E világon Én vagyok az Atya, az Anya, az Ős, a Megőrző, a Megszen-
telő, a Tudás mindent magában foglaló Tárgya, a Kozmikus *Aum* s egy-
ben a Védikus tan.   17

Én vagyok a Végső Cél, a Fenntartó, az Úr, a Tanú, a Menedék, az Ol-
talom és az Egyetlen Barát. Én vagyok az Eredet, a Feloszlás, az Alap, a
Kozmikus Tárház és az Elpusztíthatatlan Mag.   18

Az Én adományom a nap melege, ó, Ardzsuna, és Én ajándékozom
vagy vonom meg az esőt. Én vagyok a Halhatatlanság, s egyben a Halál;
Én vagyok a Lét (*Szat*) és a Nemlét (*Aszat*).   19

Isten imádatának helyes módszere

A Véda-szertartástudók, a *szóma*-szertartással megtisztítván magu-
kat a bűntől, *jadzsná*val (áldozattal) imádnak Engem, és ekként vágyuk
beteljesül, bebocsátást nyernek a mennybe. Ott, az asztrális istenségek
szent birodalmában az áhítatos hívők fenséges, mennyei gyönyörűségek-
ben részeltetnek.   20

Ám miután kiélvezték ama dicsőséges, magasabb térség örömeit, e lé-
nyek jó karmájuk kifogytával visszatérnek a földre. Ekként a szentírások
rendelései mellett kitartván, a (megígért mennyei jutalmakban lelhető)
gyönyörűségekre vágyakozván a körforgás útját járják be (menny és föld
között).   21

Akik Legbensőbb Sajátjukként meditálnak Énrajtam, szakadatlan
imádságban örökre egyesülve Velem, azoknak kipótolom fogyatkozásait,
és megtartom gyarapodását.   22

Ó, Kuntí fia (Ardzsuna), még más istenek hívei is, kik hittel áldoznak
isteneiknek, egyedül Engem imádnak, habár nem a helyes módon.   23

Valóban Én vagyok az egyetlen Élvező, és minden áldozatoknak Ura.
Ők (az Én alacsonyabb formáim imádói) nem ismernek fel engem igaz

természetemben, s ezért elbuknak. 24

Az asztrális istenek hívei ezekhez az istenekhez mennek; az ősök imádói az ősök szellemeihez csatlakoznak; a természeti szellemekhez fordulók ezek közé jutnak; az Én híveim azonban Hozzám jőnek. 25

Egyetlen levél, virág, gyümölcs vagy némi víz elfogadható áldozati ajándék az Én szememben, ha hódolatteljesen és tiszta szándékkal adják. 26

Bármit cselekszel is, ó, Kuntí fia (Ardzsuna), akár táplálkozol, akár spirituális szertartásokat végzel, akár ajándékot adsz, akár önfegyelmet gyakorolsz – minden tettedet szenteld Énnekem felajánlásként. 27

Ekként semmilyen cselekedeted nem verhet a jó avagy rossz karma láncaiba. Ha Énedet állhatatosan lehorgonyzod Énbennem jógával és lemondással, akkor elnyered a szabadságot, és Énhozzám jutsz. 28

Én elfogulatlan vagyok minden lénnyel. Énelőttem egyik sem utálatos, és nem is kedves. De akik Nékem adják szívük szeretetét, azok Énbennem vannak, s Én őbennük. 29

Legyen bár megrögzött gonosztevő, ha valaki minden mástól elfordul, hogy kizárólag Engem imádjon, az igaz szándékának köszönhetően a jámborok közé számítható. 30

Hamarost erényes emberré válik, és része lesz az örökkévaló békességben. Hirdesd bizonysággal, ó, Ardzsuna, hogy az Én hívem sosem vész el! 31

Énbennem menedékre lelve minden lény elérheti a Legfőbb Beteljesedést – legyen bár bűnben született, asszony, vaisja vagy súdra. 32

Mennyivel könnyebben eljuthat hát Hozzám a megszentelt bráhmin (Isten vagy Brahman ismerője), és az áhítatos királyi bölcs (*rádzsarisi*)! Te, aki e múlandó és boldogtalan világba léptél, csak Engem (a Szellemet) imádj. 33

Énreám irányozd elméd, légy hívem, s szüntelen imádással, hódolatteljesen hajolj meg Előttem. Miután ekként egyesültél Velem mint Legmagasabb Céloddal, az Enyém leszel. 34

Aum, Tat, Szat.

A szent Bhagavad-gíta upanisádban – Az Úr Krisna Ardzsunával folytatott beszélgetésében, amely a jóga szentírása és az Istenre eszmélés tudománya – ez a kilencedik fejezet, melynek címe „Egyesülés a királyi tudás és a királyi misztérium révén".

X. FEJEZET

A meg nem nyilvánuló Szellem
határtalan megnyilvánulásai

A Születetlen és Kezdet Nélküli,
túl alakon és képzeten

Az Áldott Úr mondá:

Ó, Erőskarú (Ardzsuna), hallgasd hát tovább legfenségesebb szavaimat! Legfőbb javadra tekintve szólok ím tehozzád, ki örömmel hallgatsz.   1

Sem az angyalok sokasága, sem a jeles bölcsek nem ismerik Teremtetlen Természetem, hisz még a *dévák* és *risik* is (teremtett lények, következésképpen) Énbelőlem erednek.   2

De aki ráeszmél, hogy Születetlen és Kezdet Nélküli vagyok, s a Teremtés Legfőbb Ura – az az ember már halandó testét viselve is felülkerekedett a káprázaton, és eljutott a bűntelenség állapotába.   3

Isten természetének különböző módosulatai

Ítélőképesség, bölcsesség, tisztánlátás, megbocsátás, igazság, az érzékek uralása, az elme nyugalma, öröm, bánat, születés, halál, félelem, bátorság, ártalmatlanság, higgadt kedély, békesség, önfegyelem, könyörületesség, dicsőség, dicstelenség – e különféle létállapotok egyedül Énbelőlem fakadnak természetem módosulataiként.   4–5

A hét Nagy Risi, az Őseredeti Négy és a Manuk (mind a tizennégyen) szintén az Én természetem módosulatai, az Én gondolatom szülöttei, és az Enyémhez hasonlatos (teremtő) erőkkel vannak felruházva. Eme ősöktől származik minden élőlény e földön.   6

Aki a jóga révén ráeszmél az igazságra, hogy mily bőségben áradnak az én megnyilvánulásaim, és mekkora teremtő és felbomlasztó hatalommal bír az Én Isteni Jógám, az elválaszthatatlanul egyesül Velem. Ez kétségen kívül áll. 7

Én vagyok mindenek Forrása; Belőlem emelkedik ki a teremtett világ egésze. E felismerés birtokában a bölcsek áhítatos félelemmel imádnak Engem. 8

Gondolataikat teljességgel Énnekem szentelik, lényüket átadják Nekem, egymásnak megvilágosodást hoznak, s mindenkor Engem hirdetnek: ekként híveim elégedettek és derűsek. 9

Akik imígyen valaha Énhozzám szegődtek, hogy szeretettel imádjanak, azokkal megosztom az ítélőerő eme bölcsességét (buddhi jóga), mely végképpen Énhozzám fűzi őket. 10

Puszta együttérzésből Én, az Isteni Bennlakó meggyújtom bensőjükben a bölcsesség ragyogó lámpását, mely elűzi a tudatlanság szülte sötétséget. 11

Az áhítatos hívő azért fohászkodik, hogy magának az Úrnak ajkáról hallja a választ kérdésére: „Melyek a Te megjelenési formáid és alakjaid?"

Ardzsuna mondá:

Te vagy a Legfelsőbb Szellem, a Legfőbb Menedék, a Legtökéletesebb Tisztaság! Az összes jeles bölcs, az isteni látnok, Nárada, akárcsak Aszita, Dévala és Vjásza az Önmagából Eredő Örökkévaló Lényként, az Eredendő Istenségként jellemzett Téged, ki ok nélküli és mindenütt jelenlévő. És most Te Magad mondod el ezt nekem! 12-13

Ó, Késava (Krisna)! Örökkévaló igazságnak tekintem mindazt, amit feltártál előttem. Valóban, ó, Uram! Sem a dévák (istenek), sem a dánavák (titánok) nem ismerik a Te végtelen számú megjelenési módodat. 14

Ó, Isteni Purusa, ó, lények Eredete, ó, minden teremtmény Ura, ó, istenek Istene, ó, világnak Fenntartója! Bizonnyal egyedül te ismered Tenmagad. 15

Így hát kérlek, sorold el nekem kimerítőn a Te isteni képességeid és tulajdonságaid, melyek révén a Te Mindenütt Jelenvalóságod fenntartja a kozmoszt. 16

Ó, Nagy Jógi (Krisna)! Miként meditáljak mindenkor, hogy igazán megismerjelek Téged? Mely megjelenési formákban és alakokban képzelhetlek el Téged, ó, Áldott Úr? 17

Ó, Dzsanárdana (Krisna)! Taglald bővebben jógaképességeid és Éned megnyilvánulásait, mondj még többet róluk; hisz sosem hallhatok eleget a Te nektárédességű szavaidból! 18

„Szólok hát néked megnyilvánulásaimról a jelenségek világában"

Az Áldott Úr mondá:

Igen derék, ó, Hercegek Legkiválóbbika (Ardzsuna), szólok hát néked megnyilvánulásaimról a jelenségek világában – de csak a legkiemelkedőbbekről, hiszen az Én sokféleségem végtelen. 19

Ó, Álom Legyőzője (Ardzsuna)! Vagyok az Én minden élő teremtmény szívében: Én vagyok az Eredet, a Létezés és a Vég. 20

Az Áditják (tizenkét tündöklő lény) között Én vagyok Visnu; a világítótestek között a sugárzó nap; a Marutok (negyvenkilenc szélisten) között Én vagyok Marícsi; az égitestek között pedig a hold. 21

A Védák sorában Én vagyok a Száma-véda; az istenek között Én vagyok Vászava (Indra); az érzékek között az elme (*manasz*); a teremtményekben pedig az értelem. 22

A Rudrák (tizenegy sugárzó lény) közül Én vagyok (a vezetőjük) Sankara („a jóakaró"); a jaksák és raksászák (asztrális féllidércek) közül Én vagyok Kubéra (a kincsek ura); a Vaszuk (nyolc életadó lény) közül Én vagyok Pávaka (a tűz istene, a megtisztító erő); a hegycsúcsok közül pedig a Méru. 23

Továbbá, ó, Prithá fia (Ardzsuna), tudd meg, hogy a papok között Én vagyok a legfőbb, Brihaszpati; a hadvezérek között Szkanda; a víztükrök között pedig Én vagyok az óceán. 24

A mahárisik (hatalmas bölcsek) közül Én vagyok Bhrigu; a szavak közül az egy szótagos *Aum*; a *jadzsnák* (szent szertartások) között a *dzsapa-jadzsna* (csendesen kántált imádság a felettes tudat szintjén); a mozdulatlan tárgyak között pedig Én vagyok a Himalája. 25

Az összes fák között Én vagyok az asvattha (a szent fügefa); a *déva-risik* (isteni bölcsek) között Én vagyok Nárada; a gandharvák (félistenek) között Én vagyok Csitraratha; a *sziddhák* (sikeresen felszabadult lények) között pedig Én vagyok a *muni* (szent) Kapila. 26

Tudd meg, hogy a mének közül Én vagyok a nektárból született Ucs-csaihsravasz; az elefántok között Indra fehér elefántja, Airávata; az emberek között pedig a császár. 27

A fegyverek sorában én vagyok a mennykőcsapás; a marhafélék között Kámadhuk (a mennyei tehén, mely minden kívánságot teljesít). Én vagyok Kandárpa (a megszemélyesített teremtő tudat), a gyermeknemző; a kígyók között pedig Vászuki. 28

Én vagyok Ananta („az örökkévaló") a nága-kígyók között; Én vagyok Varuna (az óceán istene) a vízi teremtmények között; Én vagyok Arjaman a Pitrik (ősszülők) között; Én vagyok Jama (a halál istene) a felvigyázók között. 29

A daitják (démonok és óriások) között Én vagyok Prahláda, a mérők között az idő; az állatok között a fenevadak királya (az oroszlán), a madarak közt pedig Garuda („az egek ura", Visnu hordozója). 30

A megtisztítók között Én vagyok a szellő; a fegyverforgatók között Én vagyok Ráma, a vízi lények között Én vagyok Makara (az óceán istenének hordozója); a folyamok között pedig a Jáhnavi (a Gangesz). 31

Minden megnyilvánulásnak, ó, Ardzsuna, Én vagyok a kezdete, a közepe és a vége. A tudás összes ága között vagyok az Én bölcsessége; jeles szónokok számára pedig a megkülönböztető gondolkodás (*váda*). 32

Minden betűk között Én vagyok az A; összetételek között a *dvandva* (összekötő elem). Én vagyok a Változhatatlan Idő; és Én vagyok a Mindenütt Jelenlévő Teremtő (Minden Sorsok Kiszabója), kinek arca mindenfelé fordul. 33

Én vagyok a mindeneket feloszlató Halál; és Én a Születés, minden leendő eredete. A női megnyilvánulások (a Prakriti női sajátságai) között én vagyok a dicsőség, a siker, a beszéd megvilágosító hatalma, az emlékezet, az ítélőképes értelem, az intuitív felfogóképesség és az állhatatos isteni béketűrés. 34

A számák (himnuszok) között Én vagyok a Brihat-száman; a költői versmértékek között a gájatrí; a hónapok között Én vagyok a márgaszírsa (egy kedvező téli hónap); az évszakok között Én vagyok a kuszumakara, a virághozó (tavasz).   35

Én vagyok a csalók szemfényvesztése; Én vagyok a fényességesek ragyogása; Én vagyok a győzelem és a törekvés; Én vagyok a *szattva* sajátsága a jók körében.   36

A Vrisnik között Én vagyok Vaszudéva (Krisna); a Pándavák között Én vagyok Dhanandzsaja (Ardzsuna); a *munik* (szentek) között Én vagyok Vjásza; a bölcsek között a tudós Usanasz.   37

Én vagyok a fegyelmezők pálcája; a győzelemre törők ügyessége; Én vagyok minden rejtett dolgok csendje, s a tudás birtokosainak bölcsessége is.   38

Én vagyok továbbá minden élőlény szaporító magja. Semmi sincsen, ó, Ardzsuna, legyen bár mozgó vagy mozdulatlan, ami Énnélkülem fennmaradhatna.   39

Ó, Ellenség Felprédálója (Ardzsuna), határtalanok az Én isteni tulajdonságaim megnyilvánulásai; tömör beszámolóm pusztán sejteti dicső képességeim bő áradatát.   40

Isten mint Ísvara: a kozmosz uralkodója

A hindu szentírásokban Istennek ezernyi neve található, amelyek mindegyike egy árnyalatnyival eltérő filozófiai jelentést hordoz. A Purusóttama (XI:3), avagy „Legfelsőbb Szellem" címzés az Istenség legmagasabb rendű aspektusát – a teremtésen túli Meg Nem Nyilvánuló Urat – jelöli. Ísvara (XI:3) pedig Isten a Kozmosz Uralkodójának megjelenési formájában (az *ís*, vagyis „uralkodni" szótőből). Ísvara az, akinek akarata szabályos körforgásokban megteremti, fenntartja és feloszlatja az összes univerzumot.

Jóllehet Ardzsuna teljes mértékben elfogadja az Úr valóságát Purusóttamaként, emberszíve mégis sóvárog, hogy láthassa Őt Ísvaraként, az Isteni Uralkodóként, akinek teste maga a világmindenség...

Az Úrnak nincs alakja, azonban Ísvara megjelenési formájában minden alakot felölt. Legfelsőbb Jógaképességénél fogva a Meg Nem Nyilvánuló a mindenség látható csodájává válik.

Tudd meg, hogy a csodatevő lények, szerencse kegyeltjei, vitéz hősök csupán az Én ragyogásom kipattanó szikrái.   41

De vajh mi szükséged néked, ó, Ardzsuna, a bölcsesség e különbféle részleteire? (Értsd meg egyszerűen:) Én, a Változhatatlan és Örökkévaló, Lényemnek alig egyetlen töredékével tartom fenn és hatom át az egész kozmoszt!   42

Aum, Tat, Szat.

A szent Bhagavad-gíta upanisádban – Az Úr Krisna Ardzsunával folytatott beszélgetésében, amely a jóga szentírása és az Istenre eszmélés tudománya – ez a tizedik fejezet, melynek címe „Vibhúti-jóga (Isteni megnyilvánulások)".

XI. FEJEZET

Látomások látomása:
az Úr feltárulkozik az Ő kozmikus formájában

Ardzsuna mondá:

Együttérzőn feltártad előttem a valódi Én titkos bölcsességét, elűzve szememről a káprázatot.   1

Ó, Lótuszszemű (Krisna)! Részletesen beszámoltál nékem minden lények kezdetéről és végéről, és a Te örökkévaló, korlátlan uralmadról.   2

Ó, Hatalmas! Ekként valóban kinyilatkoztattad Tenmagad. Mégis, ó, Purusóttama! Áhítozom látásodra Isteni Megtestesülésedben (a Te Ísvara-alakodban) is.   3

Ó, Mester, Jógik Ura! Ha alkalmasnak ítélsz látására, mutasd meg nékem a Te Végtelen Éned!   4

Isten mint Ísvara: a kozmosz uralkodója

A hindu szentírásokban Istennek ezernyi neve található, amelyek mindegyike egy árnyalatnyival eltérő filozófiai jelentést hordoz. A Purusóttama (XI:3), avagy „Legfelsőbb Szellem" címzés az Istenség legmagasabb rendű aspektusát – a teremtésen túli Meg Nem Nyilvánuló Urat – jelöli. Ísvara (XI:3) pedig Isten a Kozmosz Uralkodójának megjelenési formájában (az *ís*, vagyis „uralkodni" szótőből). Ísvara az, akinek akarata szabályos körforgásokban megteremti, fenntartja és feloszlatja az összes univerzumot.

Jóllehet Ardzsuna teljes mértékben elfogadja az Úr valóságát Purusóttamaként, emberszíve mégis sóvárog, hogy láthassa Őt Ísvaraként, az Isteni Uralkodóként, akinek teste maga a világmindenség…

Az Úrnak nincs alakja, azonban Ísvara megjelenési formájában minden alakot felölt. Legfelsőbb Jógaképességénél fogva a Meg Nem Nyilvánuló a mindenség látható csodájává válik.

Az Áldott Úr mondá:

Lásd meg hát, Prithá fia (Ardzsuna), az Én sokszínű és végtelen változatosságú isteni alakjaim százait és ezreit!   5

Vedd szemügyre az Áditjákat, a Vaszukat, a Rudrákat, az Asvin-ikreket, a Marutokat és a többi eleddig ismeretlen csodát!   6

Itt és most, ó, Álom Legyőzője(Arzsuna), tekintsd meg mind az Én Kozmikus Testemben egyesült világokat, az összes mozgót és mozdulatlant, és bármi mást, mit még látni kívánsz!   7

Ám halandó szemeddel nem láthatsz Engem! Ezért hát isteni látással ruházlak fel. Ím, figyelmezz legfelsőbb jógaképességemre!   8

Szandzsaja mondá (Dhritarástra királynak):

E szavakkal Hari (Krisna), a Jóga magasztos Ura feltárta Ardzsunának a Tökéletes Megtestesülést, a Kozmosztestű Ísvara-alakot.   9

Ardzsuna látta az Istenség csodás változatosságú Jelenlétét – formái végtelenek, a tér minden irányában árad ragyogása, mindenhatósága az egész világot átjárja, számtalan égi palást, virágfüzér és ékszer díszíti, mennyei fegyvereket emel, temérdek fenséges illatszer illatosítja, szája és szeme megszámlálhatatlan!   10-11

Ha ezernyi nap gyúlna fel egyszerre az égen, fényük csak haloványan emlékeztetne e Mindeneket Teremtő Lény tündöklő ragyogására! 12

S ott, az istenek Istenének végtelen Alakjában rejlőn Ardzsuna megpillantotta az egész világmindenséget a maga végtelen változatosságú megnyilvánulásaival.   13

Ekkor a Kincs Elnyerője (Ardzsuna) bámulattal telten, égnek meredő hajjal, két kezét fohászra kulcsolván, áhítattal fejet hajtott az Úr előtt, s megszólítá Őt: 14

Ardzsuna mondá:
Drága Istenem,
mennyek kegyeltje!
Ím testedben
látom hús-vér lakóid, a szent látnokokat
s az égi isten-angyalokat.

Titkos barlang mélyén él
A Kígyó, az Összenvedély ,*
megfoghatatlan, ádáz, ám most szelíd,
gyilkos játékot múlttá derít,
és Brahma, a Legfelsőbb Úr,
lótusztrónján bizton honol.
Világok Kozmosztestű Nagyura,
lám, megpillantlak újra meg újra,
égen és földön és mindeneken,
számtalan karod, törzsed, szád és szemed!
S mégis mily csalóka minden ismeretem,
születésed, uralmad s véged fel nem érhetem.

E napon,
ó, Tündöklő, Tomboló Láng,
reád meredek vakon,
hatalmad gáttalan ár:
Nevedet† zengi mindenek szája,
s eljut a mélységek legalsó bugyrába.
Csillagkoronával ékesen,
jogarod hatalmával teljesen,
te örvénylesz elő, ó Lángoló Nap Ura,
s fejlődésed köröző korongja.
Halhatatlan Brahma, Legfelsőbb Lény,
Bölcsesség Ura, Kozmikus Menedék,
hív Őrizője az örök dharmának,
tudom, nem esel áldozatul a halálnak!

Ó, Születetlen, Testetlen, ki halált tagad,
elnézem végtelen munkáló karodat,
s szemed, a nappal, holddal látót,
csillagos égből vigyázót;

---

* *Uragan divyan:* „égi kígyók"; utalás a teremtő erőkre, amelyek a *kundalíní*ből, a gerinctövi központ-
ban összetekeredett életenergiából erednek, ami a testben lefelé szétáradván az érzékelőképességeket
eleveníti meg, ha azonban „megszelídítik" és felfelé, a spirituális észlelés magasabb központjai felé eme-
lik, akkor megvilágosodást eredményez.

† Az *Aum* hangból, Isten szent „Nevéből" áradó kozmikus rezgés fénye.

szádból lüktetve árad láng-leheleted,[*]
midőn kiejted az *Aum*ot, Kozmikus Neved.
Vésztől oltalmaz Énedből fakadó ragyogásod,
mely melengeti a teremtett, téres nagyvilágot.

Ó, Uralkodó Lélek! A föld s az istenek hona között,
lényeddel áthatsz minden földi rögöt,
fennkölt lakhelyet s az égi szférákat,
közel és távol minden égtájat.
A három világot félelem nyűgözi,
rettentő-csodás alakod imádat övezi.
Tebeléd olvadnak az istenek;
sokak összekulcsolt kézzel, remegve keresnek
Benned menedéket. A nagy látnokok és menny felé igyekvők
ékes szóval zengik: „Béke veled!", s Téged imádnak egyedül.

A tizenegy mennyei lámpás;
a tizenkét fényes napvilág;
az ősz üstökű nyolcak;
a csillagként ragyogó kiválóak;
égbe törő remeték; védőistenek,
kozmosz-uraknak szolgáló szellemek;
vitéz ikerszülött hercegek
ősidőktől híresek;
negyven s még kilenc szellőfoszlány ereje,
mely az atomot fűzi szorosan egybe;
mind a rég megholt védőszellemek;
a féllidércek, félistenek és démonhercegek;
a Szellem útjának hatalmasai,[†]

---

[*] *Hutasha* vagyis „tűz" és *vaktra*, azaz „száj vagy a beszéd szervei" a *vach*, „hang, megszólalás" tőből.

[†] *„Tizenegy mennyei lámpás"*: a Rudrák. *„Tizenkét fényes napvilág"*: az Áditják. „Ősz üstökű nyolcak": a Vaszuk. „Égbe törő remeték": Visvédévák (isteni lények, akiket a Himalájában végzett szigorú vezeklésük miatt tisztelnek). *„Védőistenek"*: Szádhják (a kisebb istenségek egy osztálya). *„Ikerszülött hercegek"*: az Asvinok („a menny orvosai", a pirkadat istenei, a hajnal hírnökei – ekként a fény és sötétség elegyedését, avagy a kettősséget képviselik; egyebekben ők Szahadéva és Nakula Pándu hercegek mitikus atyái). *„Negyven s még kilenc szellő"*: a Marutok. *„Rég megholt védőszellemek"*: az ősök szellemei (Usmapák). *„Féllidércek, félistenek és démonhercegek"*: a jaksák, gandharvák, illetve aszurák. *„A Szellem útjának hatalmasai"*: a sziddhák („tökéletesek").

csodálattal hódolnak a Te magasztalt érdemeidnek.

Látlak Téged, Óriáskarú!
Csillagszemeid és számtalan arcodat,
végtelen kezeid, combod s ékes lótuszlábodat.

Szád szakadékként tátong – benne végzetfogak –,
hogy elnyelje fent s alant az aléló világokat,
mindezek láttán elfog az örömben remegő áhítat:
magam s a mindenség lenyűgözve bámuljuk nagyságodat!

Látom, amint betöltöd a feneketlen űr mélységeit –
elnézem kitárt szád, s ragyogó tested sokszínű tüzeit –
ó, Visnu, lángoló tekinteted
leigáz, békességem oda, megrettenek.

Roppant agyarú szádból az emésztő tüzek
felém nyaldosnak, rám süvöltenek.
Irgalmazz! Uram-istenem,
nyugalmamtól megfoszt a félelem,
immár a négy égtájra sem lelek,
Kozmosz Őre, hallgasd meg könyörgésemet.

Az érzék-fiak csupa királyi gőg – egóval, világi csábbal
uralkodnak, s erős karmikus szokással –,
várják, hogy bölcsességünk vezérin rajtüssenek;*
és mégis, mind egytől egyig
tulajdon vesztébe iramlik,
a Te mindent elnyelő szádba hull,
s bősz marcangoló agyaraid közt elpusztul.
Győztes és legyőzött egyre megy
(hiszen éppúgy a te gyermeked igaz és istentelen),
szeretetedért egyformán eseng; egy nap mégis mind fűbe harap
s együtt szunnyad a föld alatt.
Mohó-kegyetlen fogsorod
már sok koponyát szétzúzott.

---

* „Érzék-fiak": A Kuruk királyának, Dhritarástrának ivadékai (jelképesen a vak érzék-elme a maga száz érzéki hajlandóságával, miket az anyagi vágy vezérel); „Ego": Bhísma; „Karmikus szokás": Dróna; „Világi csáb": Karna (anyagi vonzás és kötődés). „Bölcsesség vezéri": a Pándavák (jelképesen az isteni ítélőerők).

Miként folyómederben a habzó vízözön,
mely rohantában majd kiönt,
hogy hullámait az óceánnal egyesítse,
s befogadja a tengeristen öble,
éppúgy zúdul a hősök létének árja,
hogy belevesse magát a bősz csatába,
mely ott dúl tajtékzó szád lángtengerében,
életszikrák kavargó özönében.

Mint szépségtől bódult pillék szállnak
repesve, önfeledten a lángnak,
akit ködszülte szenvedély tüze éget,
úgy hiszi, ez a Te mennyei fényed,
s beáll a halandók hosszú sorába,
hogy kürtszóra masírozzék a halálba.

Kinek lángoló szádra
esik pillantása,
látván látja nyelved csapását,
amint felnyalod erősek s gyengék vére árját;
Én Telhetetlen Istenem,
éhed nem csillapulhat sosem.
Ó, Visnu, ki emésztő máglyádra veted
a világokat, s mindet felperzseled.

Legelső Isten, légy kegyes,
ó, Ősi Úr, vágyam heves,
hogy ismerjem igaz kilétedet –
tüzes kedélyed, mely nyájas jósággal elegy.

Ekkor az Áldott Úr mondá:
A kegyetlen Végzet képében
mint fösvény Idő érkezem, s csapok le hirtelen,
hogy tüzes torkomba zárjam
ahány siránkozó puhány van,
és enyésző hús-vér test
megannyi kimerülő világban,
s nektár-éltemmel feltápláljam

őket, hogy keljenek új harcra bátran.

Ha te nem is vágod le rút ellened
– s a hadrendbe állt jó vitézeket csatába nem vezeted –
idővel mégis mind elhullanak
bizony, igazságtevő fogaim alatt.

Hát küzdelemre, harcra kelj!
Üsd-vágd az ellent, a testet foglyul ejtsd;*
s a győztes hírét vívd ki bátran,
lankadatlan, ádáz csatában;
nyerd el a Békesség Urának kincseit
s e mennyei királyság gyönyöreit!
A jövőt betéve ismerem,
titkot nem rejt előlem sosem;
tehát ellenségeid – és saját igaz harcosaid –
már réges-rég levágtam itt,
mielőtt felemelnéd karodat
(hogy eszközömként mutasson utat
elleneidnek a halál partjaira). Értsd meg jól szavamat!

Az én harcosom vagy te itt;
bizony, ekként működik
isteni tervem – e világegyetem –,

---

* Utalás a kuruksetrai csatára mint a jó és gonosz között nem csupán a makrokozmoszban, de az ember testében és tudatában is folyó háború allegóriájára.

Látomások látomása – költői fordítás

Gyakorta léptem be e dicsőítő ének kapuin a Kozmikus Templomba, hogy imádkozzam a Megnyilvánult Úr oltáránál. Sok évvel ezelőtt, a kozmikus tudat egyik ilyen megtapasztalását követően vetettem papírra a „Látomások látomását", a Bhagavad-gíta e verseinek [15–34] lírai tolmácsolását, amelybe jelentésük értelmezését is beleszőttem. Ehelyütt inkább a szöveg e tolmácsolását adtam közre, semmint egy feszesebb, versről versre haladó, szó szerinti fordítást, éspedig abban a meggyőződésben, hogy a költészet páratlan érzelem-megelevenítő ereje adhatja vissza leghívebben a szanszkrit szentírás e dicshimnuszának ékesszólását.

s így fordul sorsa eszközeimen;

Én vertem szét s vágom le újra az érzék-regimentet*

teáltalad, ki tagja vagy régmúlt s jövendő

józanész-seregemnek!   15–34

Szandzsaja mondá (Dhritarástra királynak):

Késava(a *máján* fölülemelkedett Krisna) szavait hallván a fejéket viselő vitéz (Ardzsuna, kit a kozmikus látomás dicsfénye övezett) reszketve és áhítatos félelemmel kulcsolta össze két kezét esdeklő imára, ismét alázatosan hódolt Krisna előtt, és remegő hangon megszólította Őt.   35

Ardzsuna mondá:

Ó, Hrisíkésa (Krisna)! Méltán büszkék és boldogok a világok, hogy a Te dicsőséged zenghetik! A démonok fejvesztve messzire menekülnek; míg a *sziddhák* (tökéletessé vált lények) meghajolva imádnak Téged.   36

S ugyan miért is ne hódolnának Teelőtted, ó, Roppant Szellem? Hisz nagyobb vagy Te Brahmánál, a Teremtőnél, ki Belőled fakadt. Ó, Végtelen, ó, istenek Istene, ó, Mindenség Menedéke, Te vagy az Enyészhetetlen – a Megnyilvánuló, a Meg Nem Nyilvánuló, és Ami azon túl van (a Végső Misztérium).   37

Az Első Isten vagy! Az Ősi Szellem, a Világok Végső Menedéke, a Megismerő és a Megismert, a Legfelsőbb Beteljesedés! A Te Mindenütt Jelenvalóságod ragyog a világmindenségben, ó, Te Kifogyhatatlan Alakú!   38

Ó, Kozmikus Áramlatokban Folyó Élet (Váju), ó, Halál Királya (Jáma), ó, Lángok Ura (Agni), ó, Tenger és Égbolt Fejedelme (Varuna), ó, Éj Ura (a Hold), ó, Számtalan Leszármazott Isteni Atyja (Pradzsápati), ó, Mindenek Őse! Tehozzád imádkozom, fohászkodom vég nélkül! Ezerszeresen is üdvöz légy!   39

Ó, Végtelen Hatalom, ó, Győzhetetlen Mindentudó Mindenütt Jelenvalóság, ó, Mindenség! Meghajlok Tenéked előre- és hátrafelé, meghajlok balra és jobbra, meghajlok felfelé és lefelé, leborulok Teelőtted, ki mindenfelől körülveszel!   40

---

* „*Az érzék-regiment*": Utalás „Drónára, Bhísmára, Dzsajadrathára (kötődés a halandó léthez), Karnára, és másokra". Az allegória magyarázatát lásd a 30-34. oldalon.

Kozmikus Dicsőséged nem ismervén – s mivel meghitt társamként gondoltam Reád –, gyakorta orcátlanul s kurtán csak „Barátomként", „Krisnaként" és „Jádavaként" üdvözöltelek. Minden ilyen szavamért, akár könnyelműségből, akár szeretetből mondottam;   41

És minden tiszteletlenségért, amit irányodban mutattam, ó, Rendíthetetlen Úr, jókedvemben, étkezés, séta, üldögélés vagy pihenés közben, Teveled kettesben vagy mások társaságában – minden ilyen akaratlan sértésért, ó, Te Határtalan, esedezve kérem bocsánatodat!   42

Mindenek Atyja vagy Te, legyen bár élő vagy élettelen! Egyedül Te vagy méltó az imádatra, ó, Magasztus Guru! Páratlan vagy a három világban, ugyan ki is múlhatna felül Téged, ó, Összehasonlíthatatlan Hatalmú Úr?   43

Ekként hát, ó, Imádatra Méltó, hódolattal lábaid elé vetem magam, hogy a Te bocsánatodért könyörögjek. Miként atya a fiának, miként barát hű barátjának, szerelmes a kedvesének, bocsáss meg nékem, ó, Uram!   44

Ujjongó öröm tölt el, hogy szemem elé tárult e sosemvolt látomás, ám elmémet rettegés nyűgözi. Légy kegyes hozzám, ó, istenek Ura, ó, Világok Menedéke! Mutatkozz előttem csupán a Te Déva-alakodban (a jóságos Visnuként).   45

Áhítozom, hogy úgy láthassalak, miként korábban, a Négykarú Visnuként, fejékeddel koronázva, jogaroddal és korongoddal kezedben. Jelenj meg nékem újra e formában, ó, Te, ki Ezerkarú és Mindenségtestű vagy!   46

Az Áldott Úr mondá:

Kegyesen latba vetettem Tulajdon Jógaképességemet, hogy feltárjam előtted, ó, Ardzsuna, miként senki más előtt, e Legfelsőbb Őseredeti Alakomat, a Sugárzó és Végtelen Kozmoszt!   47

Téged kivéve, ó, Kuruk Vitéz Hőse, egyetlen halandó ember sem emelheti tekintetét az Én Egyetemes Alakomra – sem áldozatok, sem alamizsnálkodás, sem cselekedetek, sem szigorú önsanyargatás, sem a Védák tanulmányozása révén nem tárulhat fel előttük e látomás.   48

Ne rettenj s kábulj el hát az Én Szörnyűséges Megjelenésem láttán. Félelmed oszolván inkább ujjongj a te szívedben, s pillantsd meg újra megszokott formámat.   49

Szandzsaja mondá (Dhritarástra királynak):

Imígyen szólva Vászudéva, „a Világ Ura" ismét felöltötte saját alakját Krisnaként. Ő, a Hatalmas Lélek kegyes alakjában megjelenvén Ardzsunának, megvigasztalta félelemtől remegő hívét.   50

Ardzsuna mondá:

Ó, Minden Kívánságok Teljesítője (Krisna)! Midőn ismét nyájas emberi alakodban tekinthetek Reád, elmém elcsitul, s máris sokkal inkább önmagam vagyok.   51

Az Áldott Úr mondá:

Igen nehéz megpillantani, miként te tetted, az Egyetemes Látomást! Még az istenek is örökké ennek látására áhítoznak.   52

Ám a lepel nem hull le rólam, hiába a vezeklés, a szentírástan, az ajándékok osztogatása vagy a szertartásos imádat. Ó, Érzékellenség Felprédálója (Ardzsuna), csakis odaadó áhítattal (a jóga révén minden gondolatot Egyetlen Isteni Észleléssé vegyítve) lehet megpillantani Engem Kozmikus Alakomban, miként te tetted, csak így lehet felismerni valóságomat, és végül Egységbe olvadni Énvelem!   53–54

Aki egyedül Énértem munkálkodik, aki Engem tesz céljává, aki szeretőn átadja magát Énnekem, aki mentes a kötődéstől (csalóka kozmikus álomvilágaimhoz), aki nem viseltet rosszakarattal senki iránt (hiszen mindenekben Engem lát) – azt befogadom Lényembe, ó, Ardzsuna!   55

Aum, Tat, Szat.

A szent Bhagavad-gíta upanisádban – Az Úr Krisna Ardzsunával folytatott beszélgetésében, amely a jóga szentírása és az Istenre eszmélés tudománya – ez a tizenegyedik fejezet, melynek címe „A Kozmikus Alak látomása".

XII. FEJEZET

Bhakti-jóga: egyesülés az áhítat révén

Imádja a jógi a Meg Nem Nyilvánulót, vagy inkább egy személyes Istent?

Ardzsuna mondá:

Kik járatosabbak a jógában: azok az áhítatos hívők, kik örök állhatatossággal Téged imádnak ekként, vagy azok, akik az Elpusztíthatatlannak, a Meg Nem Nyilvánulónak hódolnak?* 1

Az Áldott Úr mondá:

Akik elméjüket Reám irányozva imádnak Engem, magasztos áhítatuk révén örökre egyesülvén Vélem, azok az Én szememben a jóga tökéletes ismerői. 2

Ám akik az Elpusztíthatatlannak, a Leírhatatlannak, a Meg Nem Nyilvánulónak, a Mindent Áthatónak, a Felfoghatatlannak, a Változhatatlannak, a Mozdulatlannak, az Örök Állandónak adóznak hódolattal, akik minden érzéküket leigázták, akiknek kedélye minden körülmények között egyenletes, s valamennyi lény Javának szentelik magukat – bizony azok is eljutnak Énhozzám. 3-4

Akiknek célja a Meg Nem Nyilvánuló, azoknak bizony nehezebb a dolguk; testet öltött lénynek fáradságos az Abszolút Valósághoz vezető út. 5

Akik ellenben Engem tisztelnek, Nékem engedik át minden

---

* Ardzsuna itt egyfelől a XI. fejezet utolsó strófájában leírt áhítatos hívőre utal (aki Istenre a minden megnyilvánulásban benne rejlő Kozmosztestű Úrként gondol, s aki ezért Őérte munkálkodván semmihez sem kötődik személyesen, senki iránt nem táplál gyűlölséget, és Isten zárja szívének szentélyébe legfőbb Céljaként); másfelől pedig arra az áhítatos hívőre, aki alaktalan vagy meg nem nyilvánuló Szellemként imádja Istent (két külön entitásnak tekintve Istent és a Természetet). Melyik áhítatos hívő ismeri vajon behatóbban a lélek és Szellem egyesítésének technikáját?

tevékenységüket (mert az Egyedüli Cselekvőként gondolnak Reám), s jógájukban egyetlen célt szem előtt tartva elmélkednek Énrajtam – ekként szüntelen Bennem merülve el –, bizony, ó, Prithá leszármazottja (Ardzsuna), akiknek tudata ekként szilárdan Énreám irányul, azokat hamarosan Megváltójukként emelem ki a halandó születések tengeréből. 6-7

A spirituális gyakorlat szintjei
és a feleszmélés fokai

Egyedül Énbelém merítsd el elmédet; Reám összpontosítsd józan ítéletű észlelésed; és kétségkívül Énbennem fogsz lakozni halhatatlanul. 8

Ó, Dhanandzsaja (Ardzsuna), ha nem vagy képes teljességgel és szilárdan Énreám irányítani elméd, akkor a jóga ismételt gyakorlásával igyekezz eljutni Hozzám. 9

Amennyiben a jógát sem tudod folyamatosan gyakorolni, szorgosan hajts végre tetteket az Én szellememben. Ha az Én nevemben tevékenykedsz, akkor is el fogod érni a legfelsőbb isteni sikert. 10

Ha még erre sem vagy képes, akkor továbbra is Énnálam keresd Menedéked, mondj le minden cselekedeted gyümölcséről, s közben folyamatosan törekedj Éned uralására.* 11

Bizony mondom, a (jóga gyakorlásából születő) bölcsesség előbbre való a (gépies) jógagyakorlásnál, a meditáció kívánatosabb, mint az (elméleti) bölcsesség birtoklása; a lemondás a cselekedetek gyümölcseiről pedig üdvösebb, mint a meditáció (kezdeti állapotai). A cselekvés gyümölcseinek feladása után rögtön beköszönt a békesség. 12

Az áhítatos hívő Istennek kedves tulajdonságai

Aki egyetlen teremtmény iránt sem táplál gyűlöletet, barátságos és jóságos mindegyikhez, mentes az „énség" és bírvágy tudatától; aki egyenletes kedélyű szenvedés és öröm közepette, mindenkor elégedett; aki rendszeres jógagyakorló, szüntelenül igyekszik a jóga révén megismerni az Ént, és egyesíteni a Szellemmel; akit szilárd eltökéltség hajt, s

* *Yata-ātmā-vān*: szó szerint „miként egy uralt én"; vagyis utánozd azokat, akik szert tettek az Én feletti uralomra; szüntelen igyekezz elérni e célt.

aki elméjét és ítélőképességét átadja Énnekem – az az Én áhítatos hívem, ki kedves szívemnek. 13–14

Aki nem háborítja a világot, s nem hagyja magát háborítani a világtól, aki mentes ujjongástól, féltékenységtől, nyugtalanságtól és aggodalomtól – az is kedves Énnekem. 15

Aki mentes a világi elvárásoktól, aki tiszta az ő testében és elméjében, aki mindig kész a munkára, akit nem aggasztanak és sújtanak le a körülmények, aki feladott minden, egóból fakadó, vágyteljes kezdeményezést – az az én áhítatos hívem, ki kedves Énnekem. 16

Aki az örömöt s szomorúságot (a jelenségek világának aspektusait) ujjongás és viszolygás nélkül fogadja, aki nem bánkódik és nem sóvárog, aki száműzte jó és rossz viszonylagos tudatát, és eltökélten áhítatos – az kedves Énnekem. 17

Aki baráttal s ellenséggel szemben, rajongásban és sérelmekben részesülvén, meleget-hideget, gyönyörűséget és szenvedést tapasztalván egyaránt megőrzi nyugalmát; aki lemondott a kötődésről, feddést és dicséretet ugyanolyan közömbösen fogad; aki békés és könnyen megelégszik, nem ragaszkodik a házi örömökhöz, higgadt kedélyű és áhítatos – az a személy kedves Énnekem. 18–19

Akik azonban hódolattal követik e halhatatlan vallást (*dharmát*), amint az iméntiekben kinyilvánítottam, áhítattal telten és teljességgel elmerülve Bennem – az ilyen áhítatos hívek szerfelett kedvesek Énnekem. 20

Aum, Tat, Szat.

A szent Bhagavad-gíta upanisúlban – Az Úr Krisna Ardzsunával folytatott beszélgetésében, amely a jóga szentírása és az Istenre eszmélés tudománya – ez a tizenkettedik fejezet, melynek címe „Bhakti-jóga (Egyesülés az áhítat révén)".

XIII. FEJEZET

A mező és annak ismerője

Az isteni erők, melyek megteremtik a testet – a mezőt, ahol a jó és rossz magvai elvettetnek és learattatnak

Ardzsuna mondá:

Ó, Késava (Krisna), a Prakriti (az értelemmel bíró Anyatermészet) és a Purusa (a transzcendens Atyaisten); a *ksetra* (a test „mezeje") és a *ksetradzsna* (a lélek, avagy a test mezejének kialakítója-ismerője); a tudás és a Megismerendő – ezek megértésére sóvárgom én. Előszó*

Az Áldott Úr mondá:

Ó, Kuntí Sarja (Ardzsuna), az igazság ismerői e testet nevezik

* Ez a bevezető vers a Bhagavad-gíta egyes változataiban nem szerepel. Másokba belefoglalták, és az egyes számot kapta. Ám elterjedtebb az a gyakorlat, hogy e vers számozás nélkül szerepel, hiszen így a Bhagavad-gíta összes versének száma nem emelkedik a hagyományos hétszázról hétszázegyre.

„Ezek megértésére sóvárgom én..."

Hallván Krisna szavait lélek és Szellem egyesítéséről az áhítat révén, Ardzsuna nem látja világosan, miként férnek meg bensőjében az elme (*manasz*, avagy érzék-tudat) és az ítélőképesség (*buddhi*, azaz színtiszta isteni értelem) különféle, egymással hadilábon álló elemei, s miként akadályozza meg összecsapásuk az isteni egyesülést. Az istenkereső hívő áhítozik a külvilág s az anyag felé hajló Kozmikus Természet és a befelé vonzó transzcendens Szellem, illetve az érzékekkel s a Természettel azonosuló test-mező (*ksetra*) és a Szellemmel azonosuló lélek (*ksetradzsna*) misztériumának megértésére. Vágyik minden ismeretre, amit csak e jelenségekkel, valamint a Szellem meg nem nyilvánuló állapotával – a megismerés legfőbb tárgyával – kapcsolatban megszerezhet.

---

*ksetrá*nak (a „mezőnek", melyen a jó és rossz karmát elvetik és learatják); hasonlóképpen a mező ismerőjét *ksetradzsná*nak (a léleknek) mondják.1

Ó, Bhárata Leszármazottja (Ardzsuna), tudd meg továbbá, hogy Én vagyok a *Ksetradzsna* (Észlelő) minden egyes *ksetrá*ban (a kozmikus teremtőelvből és a Természetből kialakult testben). A *ksetra* és *ksetradzsna* megértése az, amit Én a valódi bölcsességnek tekintek. 2

Anyag és Szellem, test és lélek valódi természete

Hallj hát Tőlem röviden a *ksetrá*ról és tulajdonságairól, oksági elvéről és torzító befolyásairól; és egyben arról, hogy kicsoda Ő (a *Ksetradzsna*), és milyen képességekkel rendelkezik – mely igazságokat a *risik* érthető szavakkal dicsőítették számos formában: a Védák különböző énekeiben és a Brahmannal kapcsolatos aforizmák világosan indokolt elemzéseiben. 3-4

Tömören összefoglalva, a *ksetra* és módosulatai a Meg Nem Nyilvánulóból (Múla-Prakritiból, avagy osztatlan Természetből), az öt kozmikus elemből, a tíz érzékből és az egy érzéki elméből, az értelemből (ítélőképességből), az egoizmusból, az érzékek öt tárgyából; vágyból, gyűlöletből, gyönyörből, fájdalomból, egyesülésből (a test mint különböző erők egysége), tudatból és kitartásból állanak. 5-6

A bölcsesség ismertetőjegyei

(A bölcs jellemzői) az alázat, a képmutatás hiánya, az ártalmatlanság, az elnézés, az egyenesség, a guru hű szolgálata, az elme és test tisztasága, az állhatatosság és önuralom; 7

Az érzékek tárgyai iránt tanúsított közöny, az önzetlenség, (a halandó élettel együtt járó) fájdalom és bajok, úgymint születés, betegség, öregkor és halál megértése; 8

Kötődésmentesség, az Én különválasztása gyermekektől, feleségtől, otthontól; szüntelenül egyenletes kedély mind kívánatos, mind nemkívánatos körülmények közepette; 9

Lankadatlan áhítat Énirántam az egybeolvadás jógájával, elvonulás magányos helyekre, világi emberek társaságának kerülése; 10

Állhatatosság az Én megismerésében; és minden tanulmány tárgyának – a benne rejlő valódi lényegnek vagy értelemnek – meditatív felfogása. Mindeme tulajdonságok alkotják a bölcsességet; ellentéteikből áll a tudatlanság. 11

A Szellem, amiként a bölcs ismeri

Most pedig beszélek neked a Megismerendőről, hiszen e tudás a halhatatlansággal ajándékoz meg. Hallj hát a kezdet nélküli Legfelsőbb Szellemről – Akiről úgy mondják, hogy sem létező (*szat*), sem nem létező (*aszat*). 12

Ő a világban lakozik, és mindent beborít – mindenütt ott vannak az Ő kezei és lábai; mindenfelé jelenvalók az Ő szemei és fülei, az Ő szájai és fejei; 13

Ott ragyog mindennemű érzékelésben, mégis felette áll az érzékeknek; nem kötődik a teremtéshez, mégis mindenek Talpköve; mentes a *gúnák* (a Természet létmódjai) befolyásától, mégis mindegyikük Élvezője. 14

Egyszerre van Ő kívül és belül minden létezőn, élőkön s élettelenéken egyaránt; közel van és távol; s oly finom, hogy érzékelhetetlen. 15

Ő, az Oszthatatlan, számtalan lényként jelenik meg; Ő tartja fenn és pusztítja el mindeme formákat, hogy azután újrateremtse őket. 16

Ő a Fények Fénye, túl a sötéten; a Tudás maga, a Megismerendő, minden tanulás Célja, Ki ott lakozik mindenki szívében. 17

Röviden leírtam hát a Mezőt, a bölcsesség természetét és a bölcsesség Tárgyát. Mindezeket megértvén az Én áhítatos hívem beleolvad Lényembe. 18

Purusa és Prakriti (Szellem és Természet)

Tudd meg, hogy a Purusa és a Prakriti egyaránt kezdet nélküli; és azt is tudnod kell, hogy minden módosulat és sajátság (a *gúnák*) Prakritiból születik. 19

A következmény (a test) és az eszköz (az érzékek) megteremtésében a Prakritit mondják az oknak; öröm és bánat megtapasztalásában a

Purusát nevezik az oknak. 20

A Prakritiba burkolózó Purusa megtapasztalja a Természetből született *gúná*kat. A Prakriti három sajátságához való kötődés idézi elő, hogy a lélek jó és gonosz méhekben ölt testet. 21

A Legfelsőbb Szellem, mely transzcendens és a testben létező, maga az elkülönült Szemlélő, Jóváhagyó, Fenntartó, Megtapasztaló, a Nagy Úr és egyben a Legmagasabb Én. 22

Bármilyen is az életmódja, aki ekként ráeszmélt a Purusára és a Prakriti hármas természetére, annak többé nem kell elszenvednie az újjászületést. 23

Egyesek a meditáció útját követik, mások a tudás útját, megint mások pedig az önzetlen cselekvés útját, hogy megpillantsák az Ént az énben (megtisztult ego) az én (megvilágosodott elme) által. 24

Némelyek a három fő útról mit sem tudván, a guru oktatására hallgatnak. Ők, kik az áhítat útját követik, s az ősi tanításokat tekintik

---

34. vers:
A bölcsesség szemének felnyitása a jóga révén

Amikor a jóga helyes módszere, az isteni egyesülés révén az áhítatos hívő bölcsességének mindent látó, spirituális szeme megnyílik a *szamádhi*-meditációban, az igazságról felhalmozott tudása eszméléssé – intuitív észleléssé, a Valósággal alkotott egységgé – mélyül.

A mindentudás e szemével a jógi a lények és univerzumok feltűnését és eltűnését a Prakritiból fakadó *májá*-káprázat viszonylagosságainak műveként szemléli, amely elfedi a Szellem egyedüli kozmikus tudatát. Miközben egymás után oszlatja el a Kozmikus Tudat „Egyetlen Napjának" fényében a Prakriti fejleményeit az anyagtól a Szellemig, a jógi megszabadul a kozmikus káprázat minden nyűgétől és téveszméjétől.

A felszabadult lélek a színtiszta és változhatatlan *Ksetradzsná*val (a Természetnek és anyagi tartományának Kialakítójával-Ismerőjével) azonosulva képes szándékoltan-tudatosan együtt álmodni Prakritival a tudat átalakulásait az anyag „mezéjévé", a *ksetrává*, vagy tetszése szerint megmaradni a Szellemben teljesen felébredetten, a *májá* birodalmának egymással ütköző ellentéteiből fakadó rémálmoktól mentesen.

Legbiztosabb Menedéküknek, szintén elérik a halhatatlanságot.   25

Felszabadulás: Különbségtétel a mező és annak ismerője között

Ó, Bháraták Legkiválóbbika (Ardzsuna), értsd meg hát, hogy vala-
mennyi létező – minden lény és tárgy; élők és élettelenek – a *Ksetra* és a
Ksetradzsna (Természet és Szellem) egyesüléséből születik.   26

Az lát tisztán, aki egyformán észleli a Legfőbb Úr jelenlétét minden
teremtményben, az Enyészhetetlent az enyészet közepette.   27

Aki tudatában van Isten mindenütt jelenvalóságának, az énjével nem
okoz kárt Énjének. Az ilyen ember eléri a Legfőbb Célt.   28

Aki látja, hogy minden cselekedetet egyedül a Prakriti hajt végre a
maga teljességében, nem pedig az Én, az valóban ismeri az igazságot.   29

Midőn valaki felismeri, hogy az összes elkülönült lény az Egyetlenben lé-
tezik, mely kiterjesztette Önmagát a sokasággá, egybeolvad Brahmannal.   30

Ó, Kuntí fia (Ardzsuna), minthogy e Legfelsőbb Én, a Változatlan
kezdet és tulajdonságok nélkül való, nem cselekszik és cselekedetek nem
befolyásolják, jóllehet a testben lakozik.   31

Miként a mindent átható éterre finomsága miatt nem tapadhat szenny,
éppúgy az Én is mindenkor romlatlan, noha egész testünkben ott székel.   32

Ó, Bhárata (Ardzsuna), amiként a nap megvilágítja az egész világot,
úgy világosítja meg a Mező Ura (Isten és az Ő tükörképe a lélekként) az
egész mezőt (a Természetet és a test „kicsinyített természetét").   33

Akik a bölcsesség szemével látják a különbséget a *Ksetra* és a *Kset-
radzsna* között, és azt is felismerik, miként szabadíthatják meg az élőlé-
nyeket a Prakritítól, azok jutnak el a Legfelsőbbhöz.   34

Aum, Tat, Szat.

*A szent Bhagavad-gíta upanisádban – Az Úr Krisna Ardzsunával folytatott
beszélgetésében, amely a jóga szentírása és az Istenre eszmélés tudománya –
ez a tizenharmadik fejezet, melynek címe „Egyesülés a mező és ismerője meg-
különböztetése révén".*

XIV. FEJEZET

Felülemelkedés a gúnákon

A Kozmikus Természetben rejlő három sajátság (gúnák)

Az Áldott Úr mondá:

Ismét ama legmagasabb bölcsességről fogok szólani neked, mely minden tudás felett áll. Ennek birtokában élete végén minden bölcs elérte a végső Tökéletességet.   1

Ha magukévá teszik e bölcsességet, és szilárdan megállapodnak az én Lényemben, a bölcsek a teremtés egy új korszakának kezdetén sem születnek újra, s az egyetemes feloszlás idején sem szenvednek háborgatást.   2

Az Én méhem a Nagy Prakriti (Mahat-Brahma), melybe Én plántálom a magot (az Értelmemét); ez minden lény születésének oka.   3

Ó, Kuntí fia (Ardzsuna), bármely anyaméh hordja is ki az egyes formákat, mindenek eredeti méhe (Anyja) a Nagy Prakriti, és Én vagyok az Atya, kitől a mag származik.   4

Ó, Erőskarú (Ardzsuna)! A Prakritiban rejlő *gúnák* – a *szattva, radzsasz* és *tamasz* – zárják a test börtönébe Enyészhetetlen Lakóját.   5

Ó, Bűntelen (Ardzsuna)! E három *gúna* közül a makulátlan *szattva* ád megvilágosodást és egészséget. Mindazonáltal meg is béklyózza az embert a boldogsághoz és a tudáshoz való kötődéssel.   6

Ó, Kuntí fia (Ardzsuna), tudd meg, hogy a cselekvésre ösztönző *radzsasz* szenvedéllyel van teli, s belőle fakad a vágy és a kötődés; ez erős béklyókba veri a megtestesült lelket a tevékenységekhez való ragaszkodással.   7

Ó, Bhárata (Ardzsuna)! Tudd, hogy a *tamasz* a tudatlanságból támad, s minden megtestesült lényt káprázatba ejt. Tévképzetekkel, tunyasággal köti meg és szendergésbe meríti őket.   8

A *szattva* a boldogsághoz köti az embert; a *radzsasz* a tevékenységhez; a *tamasz* pedig az ítélőképességet elhomályosítva a félreértéshez. 9

Jó és rossz elegyedése az emberi természetben

Olykor a *szattva* az uralkodó, s elnyomja a *radzsasz*t és a *tamasz*t; máskor a *radzsasz* van túlsúlyban a *szattvá*val és *tamassz*al szemben; megint máskor pedig a *tamasz* burkolja homályba a *szattvá*t és a *radzsasz*t. 10

Az ember akkor tudhatja, hogy a *szattva* van túlsúlyban, amikor a bölcsesség fénye a test valamennyi érzék-kapuján átragyog. 11

A *radzsasz* túlsúlya mohóságot, igyekezetet, tenniakarást, nyughatatlanságot és vágyat idéz elő. 12

A *tamasz* uralkodó *gúna*ként sötétséget, henyeséget, kötelességmulasztást és káprázatot támaszt. 13

Akiben halálakor a *szattva*-sajátságok vannak túlsúlyban, az a Legmagasabb ismerőinek makulátlan honába emelkedik. 14

Ha a *radzsasz* uralkodik a halál idején, az illető a tevékenységhez kötődők között születik újjá. Aki pedig *tamassz*al áthatva hal meg, a mélységes káprázatban tévelygők méheibe (környezetébe, családjába, létállapotába) lép be. 15

Úgy mondják (a bölcsek), hogy a szattvikus cselekvés gyümölcse a harmónia és tisztaság. A radzsasztikus cselekvés gyümölcse a fájdalom. A tamaszikus cselekvés gyümölcse pedig a tudatlanság. 16

A bölcsesség a *szattvá*ból fakad; a mohóság a *radzsasz*ból; a nemtörődömség, káprázat és tudatlanság pedig a *tamasz*ból. 17

Akik a *szattvá*ban gyökereznek, felfelé törnek; a radzsaszikusok középen tanyáznak; akik pedig a legalantasabb *gúná*ban, a *tamasz*ban merülnek el, azok alászállnak. 18

A dzsívánmukta – a természeti sajátságok fölé emelkedő ember

Amikor a szemlélő nem észlel (a teremtett világban) más hatóerőt a három módon kívül, és megismeri Azt, aki a *gúnák* felett áll, akkor beléolvad Lényembe. 19

Miután a természet három módján – a fizikai megtestesülés okain – felülemelkedett, az ember megszabadul a születés, az öregkor és a halál szenvedéseitől; eléri a halhatatlanságot. 20

Ardzsuna mondá:

Ó, Uram, mely jelek különböztetik meg azt az embert, aki felülemelkedett a három módon? Milyen a viselkedése? Miként emelkedik a hármas sajátság fölé? 21

Az Áldott Úr mondá:

Ó, Pándava (Ardzsuna), aki nem irtózik a *gúnák* – megvilágosultság, tevékenység és tudatlanság – jelenlététől, és nem bánkódik hiányuk miatt; 22

Aki közömbös a három mód iránt, s nem hagyja magát háborítani általuk – felismervén, hogy az egész teremtett világban egyedül ezek működnek; aki elméjében nem ingadozó, hanem mindenkor Én-központú; 23

Akit öröm és bánat, dicséret és szemrehányás hidegen hagy, bizonyos lévén isteni természetében; egyformán tekint agyaggöröngyre, kőre, aranyra; változatlan hozzáállást tanúsít kellemes és kellemetlen (emberek és élmények) iránt; elméjében szilárd, 24

Akire nem hat tisztelet vagy sértés; egyformán kezel barátot és ellenséget; s minden olyan téveszmétől megszabadul, hogy az ember lenne a cselekvő – az a személy felülemelkedett a hármas sajátságon! 25

Aki rendületlen állhatatossággal szolgál Engem, az felülemelkedik a *gúnákon*, és alkalmas arra, hogy Brahmanná váljon. 26

Mert Én vagyok a Végtelen, a Halhatatlan, az Elpusztíthatatlan alapja; az örökkévaló Dharmáé és a makulátlan Üdvös Boldogságé. 27

Aum, Tat, Szat.

A szent Bhagavad-gíta upanisádban – Az Úr Krisna Ardzsunával folytatott beszélgetésében, amely a jóga szentírása és az Istenre eszmélés tudománya – ez a tizennegyedik fejezet, melynek címe „Egyesülés a természet három sajátságán való felülemelkedés révén".

XV. FEJEZET

Purusóttama: a Legvégső Lény

Örökkévaló asvattha: az élet fája

Az Áldott Úr mondá:

Ők (a bölcsek) egy örökkévaló *asvattha*-fáról beszélnek, mely gyökereivel felfelé, ágaival lefelé áll; ennek levelei a védikus himnuszok. Aki megérti az élet e fáját, az Véda-ismerő.   1

A fa *gúnák* által táplált ágai felfelé és lefelé is nyúlnak; rügyei az érzéki tárgyak; lefelé pedig, az emberek világába kinyújtja gyökérhajtásait, melyek cselekvésre kényszerítik az embert.   2

A közönséges emberek közül senki sincs tisztában e fa valódi természetével – kezdetével, végével és folytonosságának módjaival. A bölcs, miután a kötődésmentesség erős fejszéjével kivágta a szilárdan gyökerező *asvatthát*, azt gondolja: „Menedékre lelek az Őseredeti Purusában, mely a teremtés időtlen folyamatainak egyedüli eredete", s a Legfőbb Célra törekszik. Miután eléri, többé nem tér vissza a jelenségek világába.   3–4

A Meg Nem Nyilvánuló Hona

Tiszteletre nem sóvárogván, káprázattól és ártó kötődéstől mentesen, minden vágyakozást száműzvén, öröm-bánat ellentétpárjától elszakadván, s az Énben örökre szilárd alapot lelvén a megcsalhatatlanok elérik a változhatatlan állapotot.   5

Ahol sem nap, sem hold, sem tűz nem ragyog, ott az én Legfelőbb Honom. Ha eljut oda, az ember többé nem születik újjá.   6

Így nyilvánul meg a Szellem a lélekként

Énem egy örökkévaló része, mely az eleven lélekként nyilvánul meg a teremtmények világában, magához vonzza a hat érzéket, köztük az elmét, mely a Prakritiban nyugszik. 7

Amikor az Úr a *dzsívaként* egy testbe költözik, Ő hozza magával az elmét és az érzékeket. Amikor elhagyja a testet, magával viszi őket, és tovatűnik, amiként a szél sodorja el az illatokat a helyről, ahonnan erednek (a virágokból). 8

Az elme, valamint a hallás, látás, tapintás, ízlelés és szaglás érzékei felett uralkodva Ő az érzékek világának Élvezője. 9

A káprázatban élők nem észlelik az Ő jelenlétét, távozását, vagy azt, ahogyan a *gúnák* világát megtapasztalja. Ám akik felnyitották bölcsességük szemét, azok látják Őt. 10

A felszabadulás felé törekvő jógik látják az Ő jelenlétét önmagukban; ám aki nem tisztult meg, és fegyelmezetlen, az hiába erőlködik, képtelen észlelni Őt. 11

A nap egész világot bevilágító fénye, a hold fénye és a tűzfény – tudd meg, hogy mindezek ragyogása az Enyém. 12

Fényességemmel a földet átjárván minden lénynek táplálója vagyok, s az esőt hozó, udvaros holddá válván én sarjasztom ki az összes növényi formát. 13

Vaisvánarává (tüzes erővé) válván ott lakozom minden élőlény testében; s a *prána* és *apána* által én emésztem meg a négyféleképpen elfogyasztott táplálékot. 14

Ott lakozom továbbá minden élőlény szívében; s Énbelőlem támad az emlékezet és a tudás, akárcsak elvesztésük. Bizony Én vagyok Az, ki a Védák által megismerendő; valóban Én vagyok a Véda-ismerő és a *Védánta* Szerzője. 15

A Legfelsőbb Szellem:
túl enyészőn és enyészhetetlenen

Két Lény (Purusa) van a kozmoszban, az elpusztítható és az elpusztíthatatlan. A teremtmények az elpusztíthatók, a *Kutasztha* az elpusztíthatatlan.   16

Ám létezik még egy További, Legmagasabb Lény is, akit a „Legfelsőbb Szellem" néven említenek – az Örökkévaló Úr, aki a három világot áthatván fenntartja őket.   17

Én (az Úr) az enyészőn (Prakriti) túl létezem, s egyben az enyészhetetlennél (Kutasztha) is magasabban állok. Ennélfogva valamennyi világ és a Véda (a káprázatot lerázó lelkek intuitív észlelése) Purusóttamaként, a Legvégső Lényként magasztal.   18

Így hát, aki a káprázattól megszabadulván a Legfelsőbb Szellemként ismer meg engem, ó, Bhárata Leszármazottja (Ardzsuna), az mindent tud, és egész lényével Engem imád.   19

Ezennel, ó, Bűntelen (Ardzsuna), megtanítottalak e legmélyebb bölcsességre is, minek tudatában az ember bölccsé válik – olyan személlyé, aki sikerrel teljesítette minden kötelességét, mégis megmarad a kötelességszerű cselekvésnél.   20

Aum, Tat, Szat.

A szent Bhagavad-gíta upanisádban – Az Úr Krisna Ardzsunával folytatott beszélgetésében, amely a jóga szentírása és az Istenre eszmélés tudománya – ez a tizenötödik fejezet, melynek címe „Egyesülés a Legfelsőbb Szellemmel".

XVI. FEJEZET

Válaszd az istenit, és kerüld a démonit

A lélek ama tulajdonságai, melyek Istenhez hasonlatossá teszik az embert

Az Áldott Úr mondá:

Félelemnélküliség, a szív tisztasága, állhatatos kitartás a bölcsesség megszerzésében és a jóga gyakorlásában, irgalmasság, az érzékek leigázása, a szent szertartások elvégzése, a szentírások tanulmányozása, önfegyelem, egyenesség;   1

Sérelemokozás kerülése, igazmondás, düh nélküliség, lemondás, békesség, rágalmazás kerülése, együttérzés minden lénnyel, mohóság hiánya, jámborság, szerénység, nyughatatlanság kerülése;   2

Ragyogó jellem, megbocsátás, türelem, tisztaság, gyűlölet nélküliség, önteltség hiánya – e tulajdonságok adják az isteni hajlandóságú személy vagyonát, ó, Bhárata Leszármazottja.   3

Ama lelkek természete és sorsa, akik menekülnek az isteni természettől

Kérkedő büszkeség, fennhéjázás, önteltség, düh, durvaság és tudatlanság jellemzik azt az embert, aki démoni természettel született, ó, Prithá fia (Ardzsuna).   4

Az isteni tulajdonságok felszabadulással ajándékoznak meg; a démoni tulajdonságok szolgasághoz vezetnek. Neked nincs mitől félned, ó, Pándava (Ardzsuna)! Te isteni jellemvonásokkal ruháztattál fel.   5

Kétféle ember létezik e világban: az isteni és a démoni. Az isteni

tulajdonságokkal részletesen megismertettelek; most hallj hát a démoni-
akról, ó, Prithá fia (Ardzsuna)!   6

A démoni emberek nincsenek tisztában a helyes cselekvés útjával, s
azzal, hogy mikor tartózkodjanak a cselekvéstől. Híján vannak a tiszta-
ságnak, az igazságnak és az illendőségnek.   7

Így beszélnek: „A világnak nincs erkölcsi alapja, maradandó igaz-
sága, nincs Istene vagy Uralkodója; nem következetes oksági rend hozta
létre, s egyetlen célja a kéjelgő vágy – mi más?"   8

Gyarló értelmükkel az ilyen veszendő emberek ragaszkodnak tévhi-
teikhez, és számos rémtettet követnek el. Ők a világ ellenségei, kik az el-
pusztítására törnek.   9

Átengedték magukat a kielégíthetetlen vágyakozásoknak, alakosko-
dással, önhittséggel és pimaszsággal telve, káprázatban leledzvén gonosz
gondolatokat táplálnak magukban, s minden cselekedetük tisztátalan
késztetésekből fakad.   10

Vallván, hogy a testi vágyak beteljesítése az ember legmagasabb
rendű célja, s abban a hitben, hogy e világ „minden", az ilyen emberek ha-
láluk pillanatáig földi gondokba s ügyekbe merülnek.   11

Önző remények és várakozások száznyi béklyójába verve, düh és
szenvedély rabjaként arra törekszenek, hogy tisztességtelen úton felhal-
mozott vagyonnal biztosítsák testi élvezeteiket.   12

„Ma ezt szereztem; hát egy újabb vágyamat elégíthetem ki. Vagyo-
nom most ekkora; azonban még többet harácsolok össze.   13

Egy ellenségemet már megöltem; és a többivel is végezni fogok. Én
vagyok az uralkodó az emberek között; dúskálok a javakban; sikeres, erős
és boldog vagyok.   14

Gazdag vagyok, és előkelő származású; összemérhető bárki is énve-
lem? Hivalkodón alamizsnát osztok, és elvégzem a szertartásos áldozato-
kat; vígan élem életem." Ekként beszélnek, mert balgaságuk tévútra ve-
zeti őket.   15

Zavaros gondolatokat táplálván, a káprázat hálójába esvén, s egyedül
az érzéki gyönyörökre törve hullanak alá egy szennyes pokolba.   16

Hiún, konokul, gazdagságuk tudatától megittasulva, képmutatón végzik el az áldozatokat, a szentírások rendelését nem követve. 17

Ezek az önző, erőszakos, fennhéjázó, buja, könnyen haragra lobbanó és rosszindulatú emberek megvetnek Engem, ki ott lakozom bennük és az összes többi emberben. 18

E kegyetlen és gyűlölködő gonosztevőket, az emberek leggaládabbját a lélekvándorlás szféráiban újra meg újra démoni méhekbe vetem. 19

Ők ekként belépnek az *aszúrák* létállapotába, születésről születésre káprázatba merülnek, nem képesek eljutni Énhozzám, s a legfeneketlenebb mélységekbe szállnak alá. 20

Kéjvágy, harag és kapzsiság – ezek alkotják a pokol hármas kapuját, mely a lélek jóllétének megromlásához vezet. Így hát e hármat az embernek le kell vetkeznie. 21

Ó, Kuntí fia (Ardzsuna)! Ha elfordul a sötétség birodalmának e három bejáratától, az ember viselkedésével a saját legfőbb javát szolgálja, és utóbb eljut a Legfelsőbbhöz. 22

A szentírások életvezetési útmutatásainak helyes megértése

Aki figyelmen kívül hagyja a szentírások parancsolatait, és saját dőre vágyait követi, az nem lel rá a boldogságra, a tökéletességre és a Véghetetlen Célra. 23

Ennélfogva a szentírásokat válaszd útmutatódul, amikor elhatározod, mit kellene megtenned, és mit elkerülnöd. A szentírásban kinyilvánított rendelések intuitív megértésének birtokában örömmel végezd kötelességeid e világon. 24

Aum, Tat, Szat.

A szent Bhagavad-gíta upanisádban – Az Úr Krisna Ardzsunával folytatott beszélgetésében, amely a jóga szentírása és az Istenre eszmélés tudománya – ez a tizenhatodik fejezet, melynek címe „Egyesülés az isteni természet választása és a démoni elkerülése révén".

XVII. FEJEZET

A hit három fajtája

Ardzsuna mondá:

Akik sutba hajítják a szentírások szabályait, de áhítattal végzik az áldozatokat – milyen az ő állapotuk, ó, Krisna? Ők vajon szattvikus, radzsaszikus vagy tamaszikus természetűek?   1

Az Áldott Úr mondá:

A testet öltött emberek természetes hite háromféle: szattvikus, radzsaszikus és tamaszikus. Halld hát szavam.   2

Minden ember áhítata összhangban van veleszületett természetével. Hajlandósága lényének mintázata; amilyen a hite, bizony olyan ő maga is.   3

A szattvikus a déváknak adózik hódolattal, a radzsaszikus a jaksáknak és raksászáknak, a tamaszikus pedig a prétáknak és a bhúták seregeinek.   4

Azok az emberek, akik a szentírások által meg nem engedett, rettentő önsanyargatásra vetemednek, tudd meg, hogy aszúra-természetűek. A képmutatók, önimádók – a kéjvágy, kötődés és hatalmi téboly megszállottjai – esztelenül kínozzák a testi elemeket, és ezzel engem is megsértenek, a Bennük Lakozót.   5-6

Az étkek három osztálya

Az emberek három osztálya a maga hajlandóságának megfelelőt kedveli a háromféle ételből; s ugyanígy a *jadzsnák*ból, vezeklésből és alamizsnálkodásból is. Hallj hát e megkülönböztetésekről.   7

A hosszú életet, életerőt, szívósságot, egészséget, vidámságot és jó étvágyat biztosító, s emellett ízletes, kímélő, tápláló és a test számára jótékony ételeket szeretik a tiszta elméjű (szattvikus) emberek.   8

A keserű, savanyú, sós, méregerős, fűszeres, fanyar és maró ételeket kedvelik a radzsaszikus emberek, melyek kínt, keservet és betegséget okoznak.   9

A tamaszikus személyeknek pedig a tápérték híján lévő, ízetlen, romlott, állott, tisztátalan maradék a fogára való.   10

A spirituális gyakorlatok három foka

A *jadzsna* (áldozat vagy kötelességteljesítés) akkor szattvikus, ha olyan ember ajánlja fel, aki nem vágyik cselekedete gyümölcseire; s ha a szentírásokkal összhangban, egyedül az igazságosság kedvéért végzik.   11

Tudd meg, ó, Bháraták Legkiválóbbika (Ardzsuna), hogy a jutalom reményében és a hivalkodás szellemében bemutatott *jadzsna* radzsaszikus jellegű.   12

Azt a *jadzsná*t bélyegzik tamaszikusnak, mely nincs tekintettel a szentírások rendeléseire, melynél elmulasztják a felajánlást és a tisztelet-ajándékot,* melyet nem kísérnek szent imádságok vagy énekek, és amely híján van az (Isten iránti) áhítatnak.   13

A déválk, a kétszer születettek, a guruk és a bölcsek tiszteletét, a tisztaságot, az egyenességet, az önmegtartóztatást és az erőszakmentességet tartják a test vezeklésének vagy sanyargatásának.   14

A meditatív eggyé válást az ember saját valódi Énjével, s a senkit nem háborító, igaz, kellemetes és üdvös szavak kimondását nevezik a beszéd vezeklésének.   15

Az elme nyugalma, elégedettsége és világossága, a szívélyesség, a hallgatagság, az önuralom és a jellembeli tisztaság alkotják az elme vezeklését.   16

---

* A megszentelt *jadzsna,* avagy szertartásos imádat hagyományának része az étel szétosztása (*shrista anna*), valamint a guruknak vagy az istentiszteletet tartó főpapnak adott tisztelet-ajándék (*dakshina*). Az étel felajánlása a vendégeknek, szegényeknek vagy „bráhminoknak" (papoknak, lemondóknak vagy más szent személyeknek, akik életüket Isten szolgálatának szentelték) az irgalmas szív ismertetőjele, aki megosztja a reá áradó áldásokat, amint az az ember kötelessége felebarátaival szemben. A gurunak vagy istentisztelet tartó papnak felajánlott, spirituálisan kötelező „illetménnyel" vagy adománnyal pedig az ember kifejezi a hálát, mellyel a spirituális szolgálatot teljesítő személynek tartozik, illetve méltányolja a kapott tanítást.

E szattvikus jellegű hármas vezeklést gyakorolják a mélyen áhítatos és állhatatos emberek, akik nem vágynak cselekedeteik gyümölcseire. 17

A vezeklést akkor mondják radzsaszikusnak, állhatatlannak és kérészéletűnek, ha hivalkodásból, az emberek megbecsülésének, tiszteletének és hódolatának elnyerése céljából végzik. 18

A tamaszikus vezeklés tudatlanságon vagy balgaságon alapul, netán puszta önkínzásból végzik, vagy azért, hogy másokat megsértsenek. 19

Az adakozás három fajtája

A jó vagy szattvikus adakozást az igazságosság kedvéért végzik, semmiféle viszonzást nem várva, s az adományt a megfelelő időben és helyen a rá méltó személynek adják. 20

Azt az adományt tartják radzsaszikusnak, melyet vonakodva vagy azzal a hátsó gondolattal ajánlanak fel, hogy viszonzást kapjanak, avagy érdemeket nyerjenek. 21

A tamaszikus adományt alkalmatlan időben és helyen adják rá méltatlan személynek, lenézően és jóakarat nélkül. 22

Aum-Tat-Szat: Isten az Atya, a Fiú és a Szentlélek

Az „Aum-Tat-Szat" szavakat Brahman (Isten) hármas megnevezésének tekintik. Ennek erejével teremtették kezdetben a bráhminokat (Brahma ismerői), a Védákat és az áldozati szertartásokat. 23

Következésképpen Brahman követői cselekedeteikhez – a szentírások rendelése szerinti áldozáshoz, adakozáshoz és vezekléshez – mindig az „Aum" kántálásával kezdenek hozzá. 24

A felszabadulásra törekvők ezután úgy végzik el a különböző áldozati, adományozási és vezeklési szertartásokat, hogy közben eredmények vágya nélkül a „Tat" szóra összpontosítanak. 25

A „Szat" szó a (teremtésen túli) Legfelsőbb Valóság és a (Belőle az egész teremtett világban szétáradó) jóság megnevezése. A „Szat" egyben a spirituális cselekvés magasabb formáira is utal. 26

Az áldozás, önfegyelem és áhítatos felajánlás magasabb szertartásaiban tanúsított állhatatosságot is a „Szat" (bensőséges érintkezés Istennel mint a transzcendens Kozmikus Tudattal) szó jelöli. Valójában a „Tattal" (Isten mint a teremtett világban immanens lény tudatosításával) összekapcsolt ilyetén spirituális cselekvést is „Szatnak" mondják.   27

Ó, Pártha (Ardzsuna)! Ha bármely áldozatot, adományt vagy vezeklést hit (áhítat) nélkül ajánlják fel, adják vagy végzik, azt „aszatnak" nevezik. Ez egyaránt értéktelen itt és a másvilágon.   28

Aum, Tat, Szat.

A szent Bhagavad-gíta upanisádban – Az Úr Krisna Ardzsunával folytatott beszélgetésében, amely a jóga szentírása és az Istenre eszmélés tudománya – ez a tizenhetedik fejezet, melynek címe „Egyesülés a háromféle hit révén".

XVIII. FEJEZET

„Valóban ígérem néked: el fogsz jutni Énhozzám!"

Lemondás: annak isteni művészete, hogy miként tevékenykedhetünk a világban önzetlenül és kötődésmentesen

Ardzsuna mondá:

Ó, Hrisíkésa, ó, Erőskarú, ó, Késí (a démon) Lemészárlója! Vágyom megismerni a *szannjásza* (lemondás) és a *tjága* (tartózkodás) valódi jelentését, és a kettő közötti különbséget.   1

Az Áldott Úr mondá:

A bölcsek „*szannjászának*" nevezik a lemondást minden vágyból fakadó cselekedetről. A bölcsek szerint a „*tjága*" a tevékenységek gyümölcseitől való tartózkodás.   2

Egyes filozófusok azt állítják, hogy mindenféle munkával fel kell hagyni, mivel erősen beszennyezi az embert. Mások kijelentik, hogy a *jadzsna* (szent tűzszertartás), a *dána* (jótékonykodás) és a *tapasz* (önfegyelem) tevékenységeit nem kell feladni.   3

Ezért hát fogadd Tőlem a végső igazságot a lemondással kapcsolatban, ó, Bháraták Legkiválóbbika (Ardzsuna)! Mivel a lemondásról úgy tartják, hogy három fajtája létezik, ó, Tigris a Férfiak között.   4

A *jadzsna*, *dána* és *tapasz* cselekedeteit bizony végre kell hajtani, és nem szabad felhagyni velük, hiszen a szent tűzszertartás, a jótékonykodás és az önfegyelem megtisztítják a bölcset.   5

Ám még ezeket a tevékenységeket is a hozzájuk való kötődéstől és a gyümölcseik utáni vágytól mentesen kell végezni, ó, Pártha (Ardzsuna). Ez az én legfőbb és szilárd meggyőződésem.   6

A kötelességszerű cselekvéstől tartózkodni helytelen. Ily tettekről a káprázattól elvakulva lemondani tamaszikus (gonosz) dolog, így hirdetik.   7

Ha valaki azért tartózkodik a cselekvéstől, mert a munka lényegéből fakadóan nehézségekkel jár, ő pedig fél a gyötrelmes testi fáradságtól, az radzsaszikus lemondást gyakorol. Az ilyen ember sosem nyeri el a lemondás jutalmát.   8

Ó, Ardzsuna, amikor valaki kizárólag azért hajtja végre a kötelességszerű cselekvést, mert szükség van rá, és nem kötődik hozzá és a gyümölcséhez, akkor lemondása szattvikusnak tekintendő.   9

A szattvában nyugodt megértéssel és kételyektől mentesen elmerült lemondó nem viszolyog a kellemetlen cselekedetektől, és nem leli gyönyörűségét a kellemetesekben.   10

Egy testet öltöt lénynek valóban lehetetlen teljességgel felhagyni a cselekvéssel, ám aki tartózkodik a cselekvés gyümölcsétől, az lemondónak neveztetik.   11

A cselekvés hármas gyümölcse – az üdvös, az ártalmas és a vegyes – a le nem mondó ember elhunyta után egykettőre beérik, a lemondónak azonban soha.   12

A cselekvés gyökerei és beteljesülése (felszabadulás)

Ó, Erőskarú (Ardzsuna), halld meg Éntőlem a cselekedetek végrehajtásának öt okát, melyeket a minden cselekvés végét jelentő legmagasabb bölcsesség (szánkhja) feljegyzett.   13

Az emberi test; az álcselekvő benne; a különféle segédeszközök (az érzékek, az elme és az értelem); a különböző, sokirányú működések; és végül az ötödik, az uralkodó istenség, a sors: 14

Ez az öt az okozója minden cselekedetnek – legyen bár jó vagy rossz –, melyet az ember a testével, szavaival és elméjével elkövet.   15

Ez lévén a helyzet, aki fonák tudatának homályos megértésével a cselekvés kizárólagos elrendelőjeként tekint az Énre, mit sem lát.   16

Aki felette áll az egoizmus megszállottságának, akinek értelme tiszta, az bár levágja e sokaságot (kik harcra készen állnak Kuruksetránál), mégsem öl; így tette nem is köti meg. 17

A tett hármas indítékát a megismerő, az ismeret és a megismert alkotja. A cselekvés háromrétű alapja a cselekvő, az eszköz és a tevékenység. 18

Az ismeret, a cselekvés és a jellem három foka

A szánkhja bölcselet épp háromfélének írja le az ismeretet, a cselekvést és a cselekvőt is a három *gúna* megkülönböztetése szerint. Kérlek, hallgasd meg illőn szavam erről is. 20

Ó, Ardzsuna, tudd meg, hogy az az ismeret szattvikus, mely révén az egyetlen elpusztíthatatlan Szellemet ismerjük fel minden lényben, az osztatlant a megosztottak között. 20

Az az ismeret azonban, mely a lények egyesített világában számos különbözőfajta és egymástól elkülönülő létezőt észlel – tudd meg, hogy az ilyen ismeret radzsaszikus. 21

Azt az ismeretet pedig, mely egyetlen következményre összpontosít, mintha az volna a teljesség, figyelmen kívül hagyva az indítékot, s még az igazság – magától értetődő és egyszerű – alapelveivel sem egyezőn, tamaszikusnak mondják. 22

Az isteni ihletésű cselekedetet, melyet a teljes kötődésmentesség állapotában hajtanak végre vonzódás és viszolygás, s a gyümölcseire való vágyakozás nélkül, szattvikusnak mondják. 23

Azt a cselekedetet, melyre a vágy kielégítésének óhaja ösztönzött, vagy amelyet önzéstől hajtva, roppant erőfeszítés árán hajtottak véghez, radzsaszikusnak nevezik. 24

Tamaszikus cselekedet az, melyre káprázat indítja a cselekvőt képességeinek mérlegelése és a következmények – tulajdon egészségének, gazdagságának és befolyásának kára, vagy a másoknak okozott ártalom – figyelembevétele nélkül. 25

Szattvikusnak nevezik az önimádattól és kötődéstől mentes, beteljesülés vagy kudarc iránt közömbös, bátorsággal és buzgalommal

megáldott cselekvőt.   26

Radzsaszikusnak mondják a cselekvés eszközét vagy a cselekvőt, ha erős kötődés béklyózza, ha hevesen sóvárog tette gyümölcseire, ha telve van mohósággal, tisztátalansággal és könyörtelen hajlandóságokkal; s ha könnyen ujjong vagy búsul.   27

Tamaszikus a cselekvő, aki testben és elmében ingadozó, lelkiismeretlen, öntelt, gátlástalan, rosszindulatú, henye, siránkozó és halogató.   28

Az értelem (*buddhi*), a lelkierő (*dhriti*) és a boldogság (*szukham*) magasabb és alacsonyabb rendű megnyilvánulásai

Ó, *Kincs Elnyerője* (Ardzsuna), most pedig külön-külön és kimerítően elmagyarázom az értelem és lelkierő hármas megoszlását a *gúnák* szerint. Kérlek, figyelmezz.   29

Szattvikus az értelem, ó, Pártha (Ardzsuna), mely világosan tisztában van vele, hogy a vágyteljes cselekvés és a lemondás, a kötelességszegő és a kötelességszerű tettek útjai vezetnek az aggodalomhoz, illetve a félelemnélküliséghez, a szolgasághoz illetve az üdvözüléshez.   30

Ó, Pártha (Ardzsuna), radzsaszikus az értelem, mely révén az ember durván eltorzított módon fog fel igazságosságot (*dharma*) és igazságtalanságot (*adharma*), kötelességszerű és kötelességszegő cselekvést.   31

Ó, Pártha (Ardzsuna), tamaszikus az értelem, mely homályba burkolózván vallásnak tartja a vallástalanságot, és mindenre fonák módon tekint.   32

Az eltökélt állhatatosság, mellyel az ember az elme, a *prána* és az érzékek működését szabályozza – a jóga gyakorlásával megfékezvén elzüllésüket (csökönyös ingadozásukat) –, az ilyetén lelkierő (*dhriti*) szattvikus, ó, Pártha (Ardzsuna).   33

Az eltökélt, benső türelem, melynek révén az ember a *dharmá*hoz (vallási kötelesség), vágyakhoz és gazdagsághoz igazítja elméjét – miközben a kötődés miatt továbbra is sóvárog ezek gyümölcseire –, az a *radzsaszikus dhriti*, ó, Pártha (Ardzsuna).   34

Tamaszikus dhriti az, ó, Pártha (Ardzsuna), mely miatt az ostoba

alvásba menekül, félelembe, bánatba, kétségbeesésbe és szertelen önhitt-
ségbe kapaszkodik.   35

Ó, Eszmélés Konok Bikája (Ardzsuna)! Kérlek, hallgasd meg most sza-
vaim a boldogság három válfajáról: a transzcendens boldogságról (legfelsőbb
üdvözültség), melyet az ember elméje lankadatlan összeszedettségével nyer
el,* s amelyben megtapasztalja minden fájdalom kihunytát;   36

Szattvikusnak mondják azt a boldogságot, mely az Énre eszmélés
tisztán észlelő *ítőléképességéből* születik. Ez elsőre méregnek tűnik, ám
később nektár édességű.   37

Radzsaszikusnak nevezik azt a boldogságot, mely az érzékek és az
anyag egyesüléséből fakad. Ez kezdetben nektárnak tűnik, végül azonban
méregnek.   38

Tamaszikusnak mondják a csalóka boldogságot, mely önámításból
ered, és abban is végződik, s forrása a túlontúl sok alvás, henyeség és fél-
reértés.   39

Az ember isteni rendelésű kötelességének felismerése

Nincs oly lény a világon, de még az asztrális mennyország istenségei
között sem, aki mentes volna e három sajátságtól, melyek a Prakritiből
(az Isten által teremtett Kozmikus Természetből) erednek.   40

Ó, Ellenség Felprédálója (Ardzsuna)! A bráhminok, ksatriják, va-
isják és még a súdrák kötelességei is az önnön természetükből fakadó
gúnák (sajátságok) szerint oszlanak meg.   41

A bráhminok önnön természetükből fakadó kötelességeit az elme fe-
letti uralom, az érzékek feletti uralom, az önfegyelem, a tisztaság, a meg-
bocsátás, a becsületesség, a bölcsesség, az Énre eszmélés s a túlvilágba ve-
tett hit alkotják.   42

A ksatriják természetes kötelességei a vitézség, tündöklés, eltökélt kitar-
tás, ügyesség, a csatában meg nem futamodás, a bőkezűség és a vezénylés. 43

---

* *Abhyāsād ramate*: az *abhyāsā*, szó szerint „tudatos erőfeszítés az elme megtartására színtiszta szattvikus
állapotában"; és a *ram*, szó szerint „élvezni", „elcsitítani; elnyugtatni" kifejésekből – vagyis „elnyerni a
transzcendens boldogságot". Amikor az elme összeszedetté válva eljut színtiszta szattvikus állapotába, az
érzékek kavargása elcsitul, s megnyilvánul a lélek transzcendens, legfelsőbb üdvös boldogsága.

A vaisják természetes kötelességei a földművelés, állattartás és az üzlet. A súdrák természetes kötelessége mások tevékeny szolgálata. 44

Mindenki akkor aratja a legteljesebb sikert, ha lankadatlanul teljesíti saját kötelességét. Hallgasd meg hát, hogyan éri el a sikert az, ki a veleszületett kötelességnek szenteli magát. 45

Az az ember éri el a tökéletességet, aki természet adta képességeivel imádja Őt, akiből minden lény kialakult, s aki ezt az egész világot áthatja. 46

Jobb az ember saját *dharmá*ja (kötelessége), még ha érdemtelen (némiképp tökéletlen) is, mint másvalaki dharmája, melyet mégoly híven teljesít. Aki elvégzi a veleszületett természete által néki rendelt kötelességet, nem vesz magára *bűnt*. 47

Ó, Kuntí Sarja (Ardzsuna), az embernek még akkor sem szabad feladnia veleszületett kötelességét, ha az némiképp tökéletlen, hiszen minden vállalkozást úgy szennyeznek a hibák, miként a tüzet a füst. 48

A Bhagavad-gíta üzenetének összegzése: így érhető el az Istenre eszmélés

Az nyeri el a végső tökéletességet – a feleszmélés cselekvés nélküli állapotát a lemondás révén –, aki mindenkor megőrzi értelme különállását a világi kötelékektől és szenvedélyektől,* aki diadalmasan visszanyeri lelkét, és vágyak nélkül való. 49

Ó, Kuntí Sarja (Ardzsuna), halld hát Éntőlem tömören, miként lel rá Brahmanra, a bölcsesség legfelső betetőzésére az, ki ily tökéletességre jut. 50

Aki elmerül a makulátlanul megtisztított értelemben, eltökélt türelemmel leigázza testét és érzékeit, távol tartja magát (amennyire lehetséges) a hangoktól és az érzékek minden egyéb nyűgjétől, tartózkodik a kötődéstől és viszolygástól; 51

Megmarad félrevonult magányában, mértékkel étkezik, uralja testét, beszédét és elméjét, szüntelen elmélyed az isteni meditációban és a lelket

---

* *Asaktabuddhi:* szó szerint „aki mindenkor megőrzi értelme különállását". Amikor a *buddhi,* a lélek ítélőképessége színtiszta, s nem torzítja el a *manasz,* az érzéki elme befolyása, akkor feltárja az ember előtt az igazságot, s a tudatot a valódi Énben, avagy a lélekben eredendően elfoglalt állapotába vonja.

egyesítő jógában; őrzi szenvedélymentességét;   52

Békés, elveti az önimádatot, a hatalmat, a hiúságot, kéjvágyat, hara-
got, bírvágyat, s a „nekem és enyém" tudatát – az megérett az eggyé vá-
lásra Brahmannal.   53

Ekként Brahmanban elmerülvén – nyugodt lélekkel, bánkódástól-só-
várgástól mentesen, minden lényre egyformán tekintvén – birtokába jut
az Énirántam való legteljesebb áhítatnak.   54

E legteljesebb áhítat révén ráeszmél Lényemre és Természetemre –
arra, hogy ki és mi vagyok Én; miután pedig megismerte eme igazságo-
kat, hamarosan Énbelém olvad.   55

Azon túlmenően, hogy híven teljesíti minden kötelességét, és Ben-
nem keres menedéket, az áhítatos hívő az Én kegyem révén jut el az örök-
kévaló, változhatatlan állapotba.   56

Gondolatban Nékem szenteld minden cselekedeted, Engem tekints a
Legfőbb Célnak, alkalmazd a *buddhi-jógá*t (a józan ítéletű bölcsesség ál-
tali egyesülést), s ekként szüntelenül Énbennem merítsd el szíved.   57

Ha szíved elmerült Énbennem, kegyességem révén minden akadályt
legyőzöl; ám ha önzésből fakadóan nem ügyelsz Énreám, a vesztedbe ro-
hansz.   58

Ha az egóhoz ragaszkodván azt mondod: „Nem szállok csatába",
meddő a te eltökéltséged! A Prakriti, veleszületett természeted úgyis
harcra kényszerít.   59

Ó, Kuntí Sarja (Ardzsuna), a természetedben gyökerező karma bék-
lyóba ver, s amit káprázattól elvakítván nem tennél meg, óhatatlanul is
megtenni kényszerülsz.   60

Ó, Ardzsuna, az Úr ott lakozik minden teremtmény szívében, és az Ő
kozmikus káprázata (a *májá*) révén úgy kényszerít minden lényt a kör-
forgásra, mintha zsinóron rángatná őket.   61

Ó, Bhárata Leszármazottja (Ardzsuna), keress menedéket Őbenne
szíved minden buzgalmával. Az Ő kegyelme révén elnyered a tökéletes
békességet és az örök Menedéket.   62

Ekként adtam át néked a bölcsességet, minden titkok titkát. Miután alaposan fontolóra vetted, tégy, amint kívánod.   63

Újfent ügyelj az Én legfenségesebb igémre, a legtitkosabbra mind közül. Mivel oly igen kedves vagy szívemnek, elmondom, mi szolgálja javadat.   64

Merítsd el elméd Énbennem; légy áhítatos hívem; engedj át mindent Nékem; hajolj meg Színem előtt. Te kedves vagy szívemnek, tehát valóban ígérem néked: el fogsz jutni Énhozzám!   65

Minden más *dharmáról* (kötelességről) lemondva, egyedül Énreám emlékezz;* Én megszabadítalak minden bűntől (melyek e csekélyebb kötelességek elhanyagolásából háramlanak reád). Ne bánkódj!   66

Soha ne oszd meg eme igazságokat olyannal, aki önuralom vagy áhítat nélkül való, sem olyannal, aki nem teljesít szolgálatot, vagy ereszti igazságaimat a füle mellett, sem pedig olyannal, aki rossz híremet költi.   67

Aki ellenben az Énirántam való legteljesebb áhítattal adja át híveimnek a legfőbb titkos tudást, az bizonnyal eljut Énhozzám. Nincs senki az emberek között, aki nálánál felbecsülhetetlenebb szolgálatot tenne Énnekem, s az egész világon nem lészen senki szívemnek kedvesebb.   68-69

Aki tanulmányozza és megismeri (intuitív módon felfogja) e köztünk lefolyt szent párbeszédet, az a bölcsesség áldozatával (*jadzsnájával*) fog hódolni Énnekem. Ez az Én szentséges szavam.   70

Még az az egyén is, aki – áhítattal telvén és kicsinylés nélkül – pusztán meghallgatja s megszívleli e szent párbeszédet, a földi karmától megszabadulván az erényesek áldott világaiban fog lakozni.   71

A Szellem és lélek közötti párbeszéd lezárul

Ó, Pártha (Ardzsuna), vajon szívbéli összpontosítással figyeltél e bölcsességre? Ó, Dhanandzsaja, elenyészett végre káprázat szülte tudatlanságod?   72

Ardzsuna mondá:

Káprázatom tovatűnt! Kegyességed révén visszanyertem (lelki)

---

* *Mām ekaṁ śaraṇaṁ vraja:* szó szerint: „Válj (*vraja*) oltalmazottá (*śaraṇaṁ,* »védetté« a káprázattól) az egységben (*ekaṁ*) Velem (*mām*)." „Mindenkor tartsd meg tudatod az Én oltalmazó Jelenlétemben"; vagyis „egyedül Énreám emlékezz".

emlékezetemet, ó, Acsjuta (páratlan Krisna). Szilárd alapra leltem; kétkedésem tovaszállt. A Te igéd szerint fogok cselekedni.   73

Szandzsaja mondá:

Ekként hallottam e csodás párbeszédet Vaszudéva (Krisna) és a nemes lelkű Pártha (Ardzsuna) között, mitől az öröm borzongásában minden hajam szála égnek meredt.   74

Vjásza kegyéből e legmagasztosabb titkos jóga reám ruháztatott; közvetlenül maga Krisna, a Jóga Ura tárta fel tudatomnak!   75

Ó, Dhritarástra király, amint újra meg újra felidézem a Késava (Krisna) és Ardzsuna között lefolyt rendkívüli és szent párbeszédet, mindanyiszor túlcsordul bennem az öröm.   76

És ó, Dhritarástra király, amint újra meg újra felidézem Hari (Krisna) e szédítő megnyilvánulását,* nagy az én csodálatom; kiapadhatatlanul buzog fel bennem az öröm.   77

Ím az én hitem: ahol jelen van a Jóga Ura, Krisna; és ahol jelen van Pártha (Ardzsuna, az igaz és áhítatos hívő), az önuralom íjának jeles mestere, onnan nem hiányozhat a siker, a győzelem, a képességek elnyerése, és az önfegyelem csalhatatlan törvénye sem (mely a felszabaduláshoz vezet).   78

Aum, Tat, Szat.

A szent Bhagavad-gíta upanisádban – Az Úr Krisna Ardzsunával folytatott beszélgetésében, amely a jóga szentírása és az Istenre eszmélés tudománya – ez a tizennyolcadik fejezet, melynek címe „Egyesülés a lemondás és felszabadulás révén".

---

* *Vishvarupa*, a kozmikus alak.

Összefoglalás

„Emelkedj! Előtted a királyi út!"

A szavakkal, melyeket az Úr Krisna a Bhagavad-gítában Ardzsunához intéz, a tanítvány egyszerre kap kezébe egy mélyenszántó szentírást a jóga tudományáról s az Istennel való egyesülésről, és tankönyvet a mindennapi élethez. Ardzsunával együtt lépésről lépésre vezetik végig az keresőt a spirituális kételkedés és kishitűség halandó tudatától az isteni összhangig és benső eltökéltségig. A Bhagavad-gíta időtlen és egyetemes üzenete mindent felölelőn fejezi ki az igazságot. Megismerteti az emberrel igazságosan kiszabott kötelességét az életben, s megmutatja neki, miként róhatja le e kötelességet a szenvedélymentesség révén, mely segít elkerülnie a fájdalmat, és elérnie a bölcsességet és sikert. A teremtés rejtélyei megoldódnak az anyag természetének megismerésével. A Végtelen Szellem misztériumairól sorra hull le a lepel, hogy elénk táruljon egy olyan Isten, akinek áhítatkeltő mindenhatóságát gyöngéd szeretete és együttérzése szelídíti meg, s aki ekként készségesen felel az Ő áhítatos híveinek őszinte hívására.

A Bhagavad-gíta fennkölt lényegét összegezve elmondhatjuk, hogy a helyes cselekvés, a világhoz és érzéki gyönyörökhöz fűző kötelék elszakítása, valamint az Istennel a *pránajáma* meditáció legmagasabb rendű jógája révén véghezvitt egyesülés – melyet egy megvilágosodott gurutól tanulhatunk meg – együttesen alkotják az Őhozzá vezető királyi utat.

A *Krijá-jóga* technikája, melyet Krisna tanított Ardzsunának, s amelyre a Bhagavad-gíta több verse is hivatkozik (IV:29 és V:27–28), a jógameditáció legmagasabb rendű spirituális tudománya. Ezt az eltörölhetetlen jógát, melyet az anyagelvű korokban titkon őriztek meg, Mahávatár Bábádzsí élesztette újjá a modern ember számára, és a Self-Realization Fellowship/az indiai Yogoda Satsanga Society gurui tanítják. Bábádzsí maga utasított engem, hogy terjesszem az Istennel való egyesülés e szent tudományát. Bhagaván Krisna és Mahávatár Bábádzsí – akiket én egynek tekintek a Szellemben –, valamint gurum és *paramgurum*, Szvámi Srí Juktésvar és Láhíri Mahásaja áldásos tevékenységének köszönhetően nyújthatom át a világnak a Bhagavad-gíta eme értelmezését, amint isteni igazságként feltárult előttem. Bármely áhítatos hívő, aki Ardzsuna – a megtestesült eszményi tanítvány – példáját követve kötődés nélkül elvégzi igazságosan kiszabott kötelességét, és jógameditációs gyakorlatát tökélyre fejleszti a *Krijá-jógához* hasonló technika segítségével, hasonlóképpen el fogja nyerni Isten áldásait és útmutatását, s része lesz az Énre eszmélés diadalában.

Ahogyan Isten szólott Ardzsunához, úgy fog beszélni hozzád is. Ahogyan Ardzsuna szellemét és tudatát felemelte, úgy fog felemelni téged is. Ahogyan Ardzsunát megajándékozta a legfelsőbb spirituális látással, úgy részeltet majd téged is a megvilágosodásban.

A Bhagavad-gíta történetében tanúi voltunk a lélek Istenhez visszavezető útjának – olyan utazás ez, melyet mindnyájunknak meg kell tennünk. Ó, isteni lélek! Miként Ardzsuna, „űzd el e hitvány kishitűséget (a halandó tudatát). Emelkedj!" Előtted a királyi út.

Az Úr Krisna És Ardzsuna Szanszkrit Díszítőjelzői A Bhagavad-Gítában

Az Úr Krisna:

Acsjuta – *Változhatatlan; Páratlan*

Anantarúpa – *Kifogyhatatlan Alakú*

Apraméja – *Határtalan*

Apratimaprábháva – *Összehasonlíthatatlan Hatalmú Úr*

Ariszúdana – *Ellenség Elpusztítója*

Bhagaván – *Áldott Úr*

Déva – *Úr*

Dévésa – *Istenek Ura*

Dzsagannivásza – *Kozmikus Őriző (Világ Menedéke)*

Dzsanárdana – *Imádságok Meghallgatója*

Góvinda – *Legfőbb Pásztor; aki az érzékek „tehéncsordáját" uralja és irányítja*

Hari – *szívek „Tolvaja"*

Hrisíkésa – *Érzékek Ura*

Ísam Ídjam – *Imádatra Méltó*

Jádava – *Jadu leszármazottja*

Jogésvara – *Jóga Ura*

Kamalapattraksa – *Lótuszszemű*

Késava, Késiniszúdana – *Kési Démon Lemészárlója; Ördög Elpusztítója*

Mádhava – *Szerencse Ura*

Madhuszúdana – *Madhu Démon Lemészárlója, vagyis a Tudatlanság Elpusztítója*

Mahátman – *Uralkodó Lélek*

Prabhú – *Úr vagy Mester*

Pradzsápati – *Számtalan Sarj Isteni Atyja*

Purusóttama – *Legfelsőbb Szellem*

Szahaszrábahó – *Ezerkarú*

Vársnéja – *Vrisni-dinasztia Sarja*
Vászudéva – *Világ Ura; az Úr mint Teremtő/Megőrző/Elpusztító*
Visnu – *a Mindent Átható Megőrző*
Visvamurte – *Mindenségtestű*

Ardzsuna:

Anágha – *Bűntelen*
Bhárata – *Bhárata Király Leszármazottja*
Bháratasrisabha – *Bháraták Bikája, vagyis a Bhárata-dinasztia leszárma-
zottainak legjobbika vagy legkiválóbbika*
Bhárataszáttama – *Bháraták Legjobbika*
Bhárataszrestha – *Bháraták Legkiválóbbika*
Dehabhritan Vara – *Legfőbb a Megtestesültek Között*
Dhanandzsaja – *Kincs Elnyerője*
Gudákésa – *Álom Legyőzője („örökké készenálló, álmatlan, káprázatlegyőző")*
Kauntéja – *Kuntí fia*
Kiritin – *Fejéket Viselő*
Kurunándana – *a Kuru-dinasztia Büszkesége vagy Legjava*
Kuruprávira – *Kuruk Nagy Hőse*
Kurusrestha – *Kuru Hercegek Legkiválóbbika*
Kuruszáttama – *Kuruk Virága (Legjobbika)*
Mahábahó – *Erőskarú*
Pándava – *Pándu Leszármazottja*
Parantapa – *Ellenség Felprédálója*
Pártha – *Prithá fia*
Purusarisabha – *Emberi Nem Virága (szó szerint „bika" vagy vezér az em-
berek között)*
Purusavjághra – *Tigris a Férfiak között*
Szavjaszácsin – *Aki Bármelyik Kezével Megfeszíti az Íjat*

A Szerzőről

„Paramahansza Jógánanda életében tökéletes kifejezést nyert Isten szeretetének és az emberiség szolgálatának eszménye... Noha Jógánanda életének javarészét Indián kívül töltötte, azért méltán foglal helyet nagy szentjeink sorában. Munkássága folyamatosan gyarapszik, és egyre fényesebben ragyog, világszerte a Szellem zarándoklatának ösvényére vonzva az embereket."

– részlet India kormányának méltatásából a Paramahansza Jógánanda halálának huszonötödik évfordulójára készült emlékbélyeg kibocsátása alkalmával

Az 1893. január 5-én Észak-Indiában született Paramahansza Jógánanda egész életét annak szentelte, hogy segítsen a legkülönfélébb fajtájú és hitvallású embereknek teljesebben megvalósítani és kifejezni életükben az emberi szellem valódi szépségét, nemességét és isteni jellegét.

Miután 1915-ben diplomát szerzett a Kalkuttai Egyetemen, Srí Jógánanda letette az előírásos fogadalmakat India tiszteletreméltó szvámi szerzetesrendjének tagjaként. Két évvel később pedig megkezdte életművének felépítését egy „életvezetési" iskola megalapításával – amelyből azóta tizenhét oktatási intézmény sarjadt ki szerte Indiában –, ahol hagyományos egyetemi tárgyakat tanítottak jógaképzéssel és a spirituális eszmények oktatásával ötvözve. 1920-ban Paramahansza Jógánanda meghívást kapott, hogy India küldöttjeként vegyen részt a Vallási Szabadelvűek Nemzetközi Kongresszusán Bostonban. Felszólalása a kongresszuson, illetve ezt követően a keleti parton tartott előadássorozata lelkes fogadtatásra talált, s így 1924-ben Srí Jógánanda az egész kontinenst átszelő előadókörútra indult.

A következő harminc év során Paramahansza Jógánanda széleskörűen hozzájárult, hogy a nyugati világ teljesebben tudatosítsa magában a Kelet spirituális bölcsességét, és jobban megbecsülje azt. Los Angelesben megnyitotta a Self-Realization Fellowship, az 1920-ban általa alapított nem szektariánus vallási társaság nemzetközi székházát. Írásai, hatalmas területeket felölelő előadókörútjai, valamint a számos Self-Realization Fellowship-templom és meditációs központ megalapítása révén igazságkeresők százezreit ismertette meg a jóga ősi tudományával és filozófiájával, illetve egyetemesen alkalmazható meditációs módszereivel.

A Paramahansza Jógánanda által megkezdett spirituális és humanitárius munka napjainkban Chidananda testvér, a Self-Realization Fellowship/az indiai Yogoda Satsanga

Society elnökének irányítása alatt zajlik. Paramahansza Jógánanda könyveinek, előadásainak, egyéb írásainak és nem hivatalos beszédeinek – ideértve az otthoni tanulást elősegítő *Self-Realization Fellowship Lessons* átfogó sorozatát – kiadása mellett a társaság útmutatást nyújt az önmegismerés útját járó tagok számára Srí Jógánanda tanításainak gyakorlásához, felügyel a világ számos pontján megtalálható templomokra, menedékhelyekre és meditációs központokra, valamint a Self-Realization Rend szerzetesi közösségeire. Mindemellett koordinálja a világot átfogó imakört, amely a gyógyulás eszközeként szolgál azok számára, akik fizikai, mentális vagy spirituális téren hiányt szenvednek, és elősegíti a népek közötti nagyobb összhang megteremtését.

Srí Jógánanda életéről és munkásságáról szóló cikkében dr. ifj. Quincy Howe, az ókori nyelvek professzora a Scripps Főiskolán, így írt: „Paramahansza Jógánanda nem csupán az Istenre eszmélés örök ígéretét hozta el Indiából a nyugati világnak, hanem egy gyakorlati módszert is, amelynek révén a spirituális ébredés legkülönbözőbb társadalmi állású várományosai sebesen haladhatnak előre e cél felé. India spirituális öröksége, amelyet a nyugati világban eredetileg csak a legfennköltebb és legelvontabb szinten értékeltek, most végre gyakorlati tapasztalatként is rendelkezésére áll mindazoknak, akik nem a túlvilági életben, hanem itt és most óhajtják megismerni Istent... Jógánanda mindnyájunk számára elérhetővé tette az elmélkedés legmagasztosabb módszereit."

Paramahansza Jógánanda az *Egy jógi önéletrajza* című írásában beszéli el élettörténetét és ismerteti tanításait (lásd 174. oldal). 2014 októberében mutatták be az *Awake: The Life of Yogananda* című díjnyertes dokumentumfilmet életéről és munkásságáról.

Paramahansza Jógánanda:
Egy Jógi az Életben És a Halálban

Paramahansza Jógánanda *mahászamádhija* (egy jógi végső, tudatos kilépése testéből) 1952.március 7-én történt Los Angelesben, Kaliforniában, miután befejezte beszédét India egyesült államokbeli nagykövete, Őexcellenciája Bináj R. Szen tiszteletére adott díszvacsorán.

A nagy világtanító nemcsak életében, hanem halálában is bemutatta a jóga (az Isteni Önmegvalósítás tudományos gyakorlatai) értékét. Arca hetekkel távozása után is változatlanul az elmúlhatatlanság isteni fényét sugározta.

Mr. Harry T. Rowe, a Los Angeles-i Forest Lawn Memorial Park (temető, ahol a nagy mester testét ideiglenesen elhelyezték) igazgatója közjegyző által hitelesített levelet küldött a Self-Realization Fellowship részére, amelyben az alábbi szemelvények olvashatók:

„Az a tény, hogy Paramahansza Jógánanda holtteste az oszlásnak semmilyen látható jelét sem mutatja, pályafutásunk legrendkívülibb esetét jelenti…. A testen fizikai bomlást nem tapasztaltunk, még húsz nappal a halál bekövetkezése után sem…. A bőr nem kezdett el penészedni, a testszövetek nem kezdtek el kiszáradni. Egy halott ilyen tökéletes állapotban való fennmaradása a rendelkezésünkre álló temetkezési évkönyvek tanúságai szerint páratlan…. A halottasház személyzete Jógánanda átvételekor arra számított, hogy a holttesten dekopmpozíció előrehaladtának szokásos jeleit fogják látni a koporsó üvegfedelén keresztül. A napok múlásával megdöbbenésünk egyre növekedett, hogy az elhunyton változást nem tapasztalunk. Jógánanda földi porhüvelye egyértelműen az állandóság egy különleges állapotában volt… ”

„Testéből soha nem áradt bomlásra utaló szag…. Jógánanda kinézete március 27-én, mielőtt koporsójára helyeztük a bronz fedőt, pontosan az volt, mint március 7-én. Március 27-én éppolyan friss volt, mint eltávozásának estéjén. Az enyészet nem fogott rajta. Március 27-én nem volt okunk azt állítani, hogy a holtteste az oszlásnak bármely látható jelét mutatta volna. Ezért még egyszer kijelentjük, hogy Paramahansza Jógánanda esete praxisunkban egyedülálló.”

További Források
Paramahansza Jógánanda
Krijá Jóga Tanításaihoz

A Self-Realization Fellowship elkötelezetten és önzetlenül segíti világszerte az istenkeresőket. Információkért az évenként megrendezésre kerülő nyilvános előadásainkról és tanfolyamainkról, valamint a világ különböző részein lévő templomainkban és központjainkban tartott meditációkról és lelkesítő istentiszteleteinkről, meditációs hétvégéink időpontjairól, és más tevékenységeinkről, kérjük látogassa meg Nemzetközi Központunk honlapját:

www.yogananda.org

Self-Realization Fellowship
3880 San Rafael Avenue
Los Angeles, CA 90065-3219
+1 (323) 225-2471-3219

A
SELF-REALIZATION FELLOWSHIP
LECKÉI

Személyes útmutatás és oktatás Paramahansza Jógánandától
a jóga-meditáció technikáival és a spirituális élet elveivel kapcsolatban

Ha vonzódást érzel Paramahansza Jógánanda spirituális tanításaihoz, arra buzdítunk, hogy iratkozz fel a *Self-Realization Fellowship Leckéire.*

Paramahansza Jógánanda azért alkotta meg ezt az otthoni tanulásra szánt sorozatot, hogy lehetőséget biztosítson az őszinte istenkeresőknek ama ősi jógameditációs technikák – többek között a *Krijá jóga* tudományának – elsajátítására és gyakorlására, amelyeket elhozott a nyugati világ számára. A Leckék egyben Srí Jógánanda gyakorlati útmutatásait is tartalmazzák kiegyensúlyozott testi, szellemi és spirituális jólétünk elérésére.

A *Self-Realization Fellowship Leckéi* jelképes összegért (amely a nyomda- és postaköltségeket fedezi) szerezhetők be. A Self-Realization Fellowship szerzetesei és apácái minden tanulónak örömmel nyújtanak személyes útmutatást gyakorlataik végzéséhez.

További információkért...

A Leckéket bemutató ingyenes, teljes körű ismertető csomagot a www.srflessons.org oldalon igényelheted.

EGY JÓGI ÖNÉLETRAJZA

Paramahansza Jógánanda életének története az igazság utáni egyedülálló keresés elmélyült beszámolója. Ügyesen fonódik bele azoknak a finom, mégis egyértelműen létező törvényeknek a tudományos magyarázata, amelyeknek köszönhetően a jógik csodákat vittek végbe, és önuralomra tettek szert. A szerző élénk részletességgel írja le indiai tanulóéveit Szvámi Srí Juktésvar közelében. Színes, mélyen emberi beszámolókban örökíti meg találkozását a Kelet és a Nyugat nevezetes spirituális személyiségeivel – köztük Mahátma Gandhival, Luther Burbankkel, a stigmákat viselő katolikus Therese Neumannal és Rabindranath Tagoréval.

A jóga tudományába való hiteles bevezetésként az *Egy jógi önéletrajza* korunk egyik spirituális klasszikusa lett, amely felfedi a Kelet és a Nyugat nagy vallási útjait meghatározó tudományos alapvetéseket. Több mint huszonöt nyelvre lefordították, és széles körben használják főiskolai és egyetemi kurzusok anyagaként és kézikönyveként.

Elérhető kemény vagy puha táblás kiadványként a könyvesboltokban, illetve megrendelhető közvetlenül a kiadótól.

„Ritka értékes beszámoló."

— *The New York Times*

„Elbűvölő és világos magyarázatokkal ellátott tanulmány."

— *Newsweek*

„Soha korábban nem látott napvilágot angolul vagy más európai nyelven ehhez fogható leírás a jógáról."

— *Columbia University Press*

Paramahansza Jógánanda
könyvei magyar nyelven

Egy jógi önéletrajza

A siker törvénye

Így beszélhetünk Istennel

Tudományos gyógyító megerősítések

Metafizikai elmélkedések

Paramahansza Jógánanda mondásai

A vallás tudománya

Ahol a fény honol

Paramahansza Jógánanda
KÖNYVEI ANGOL NYELVEN

Megvásárolhatók a könyvesboltokban vagy közvetlenül a kiadótól:
Self-Realization Fellowship
3880 San Rafael Avenue • Los Angeles, California 90065-3219
Telefon: +1 (323) 225-2471 • Fax: +1 (323) 225-5088

www.srfbooks.org

Autobiography of a Yogi

The Second Coming of Christ:
The Resurrection of the Christ Within You
Kinyilatkoztatásszerű kommentárok Jézus eredeti tanításaihoz.

God Talks with Arjuna:
The Bhagavad Gita
Új fordítás és kommentárok.

Man's Eternal Quest
Paramahansza Jógánanda előadásainak és kötetlen beszélgetéseinek I. kötete.

The Divine Romance
Paramahansza Jógánanda előadásainak, kötetlen beszélgetéseinek és esszéinek II. kötete.

Journey to Self-Realization
Paramahansza Jógánanda előadásainak és kötetlen beszélgetéseinek III. kötete.

Wine of the Mystic:
The Rubaiyat of Omar Khayyam — A Spiritual Interpretation
Ihletett kommentárok, melyek fényt derítenek az Istennel folytatott bensőséges érintkezés misztikus tudományára, amely a Rubáiját rejtelmes képi világának hátterében rejlik.

Where There Is Light:
Insight and Inspiration for Meeting Life's Challenges
Whispers from Eternity
Paramahansza Jógánanda imádságainak és a meditáció emelkedett állapotában nyert isteni megtapasztalásainak gyűjteménye.

The Science of Religion

The Yoga of the Bhagavad Gita:
An Introduction to India's Universal Science of God-Realization

The Yoga of Jesus:
Understanding the Hidden Teachings of the Gospels

In the Sanctuary of the Soul:
A Guide to Effective Prayer

Inner Peace:
How to Be Calmly Active and Actively Calm

To Be Victorious in Life

Why God Permits Evil and How to Rise Above It

Living Fearlessly:
Bringing Out Your Inner Soul Strength

How You Can Talk With God

Metaphysical Meditations
Több mint 300 spirituálisan felemelő meditáció, imádság és megerősítés.

Scientific Healing Affirmations
Paramahansza Jógánanda a megerősítés tudományának mélyenszántó magyarázatával szolgál e könyvben.

Sayings of Paramahansa Yogananda
Mondások és bölcs tanácsok gyűjteménye, amely Paramahansza Jógánanda őszinte és szeretetteljes válaszait tolmácsolja az útmutatásért hozzá fordulóknak.

Songs of the Soul
Paramahansza Jógánanda misztikus költészete

The Law of Success
Ama dinamikus elvek taglalása, amelyek segítségével az ember elérheti céljait az életben.

Cosmic Chants

60 áhítatos ének szövege (angol nyelven) és zenéje – a bevezetés megvilágítja, hogyan vezethet el a spirituális ének az Istennel folytatott bensőséges érintkezéshez.

Paramahansza Jógánanda
Hangfelvételei

Beholding the One in All

The Great Light of God

Songs of My Heart

To Make Heaven on Earth

Removing All Sorrow and Suffering

Follow the Path of Christ, Krishna, and the Masters

Awake in the Cosmic Dream

Be a Smile Millionaire

One Life Versus Reincarnation

In the Glory of the Spirit

Self-Realization: The Inner and the Outer Path

A
SELF-REALIZATION FELLOWSHIP
EGYÉB KIADVÁNYAI

Kívánságára elküldjük Önnek a Self-Realization Fellowship kiadványainak, illetve hang/videofelvételeinek teljes katalógusát.

Szvámi Srí Juktésvar:
The Holy Science

Srí Dajá Máta:
Only Love:
Living the Spiritual Life in a Changing World

Srí Dajá Máta:
Finding the Joy Within You:
Personal Counsel for God-Centered Living

Srí Dajá Máta:
Intuition
Soul Guidance for Life's Decisions

Srí Gjánamáta:
God Alone:
The Life and Letters of a Saint

Szánanda Lál Ghós:
"Mejda":
The Family and the Early Life of Paramahansa Yogananda

Self-Realization
(negyedévente megjelenő magazin, amelyet Paramahansza Jógánanda indított 1925-ben)

DVD (dokumentumfilm)
Awake:
The Life of Yogananda
Díjnyertes dokumentumfilm Paramahansza Jógánanda
életéről és munkásságáról.

A
SELF-REALIZATION FELLOWSHIP
CÉLJAI ÉS IDEÁLJAI

ahogyan azt az alapító, Paramahansza Jógánanda meghatározta
Csidánanda testvér, elnök

Elterjeszteni a világon az Isten közvetlen, személyes megtapasztalására alkalmas pontos, tudományos gyakorlatok ismeretét.

Megtanítani, hogy az emberi élet célja korlátolt, halandó tudatosságunk önerőből történő fejlesztése az Istentudatig; és e célból Self-Realization Fellowship templomok alapítása szerte a világon, amelyek az Istennel való egyesülés szentélyei; valamint az embereket arra bátorítani, hogy létesítsenek az Istennek személyes templomokat otthonaikban és szívükben.

Felfedni a Jézus Krisztus által tanított eredeti Kereszténység, és a Bhagaván Krisna által tanított eredeti Jóga egymással való tökéletes harmóniáját és alapvető egységét; és megmutatni, hogy az igazságnak eme alapelvei minden igaz vallás közös, tudományos alapját képezik.

Rámutatni az isteni országútra, amelybe végül minden igaz hit ösvénye belefut: az Istenen való napi, tudományos, áhítatos meditáció országútjára.

Megszabadítani az embert háromrétű szenvedésétől: fizikai betegségeitől, mentális diszharmóniájától és spirituális tudatlanságától.

Bátorítani az embert „egyszerű életre és magasztos gondolkodásra"; és a világ népei között terjeszteni a testvériség szellemiségét egységük örök alapjának hirdetése által: hogy mindnyájan Isten gyermekei vagyunk.

Bizonyítani az elme fölényét a test felett, valamint a lélek felsőbbrendűségét az elme felett.

Legyőzni a gonoszt jósággal, a szomorúságot örömmel, a kegyetlenséget kedvességgel, és a tudatlanságot bölcsességgel.

Egyesíteni a tudományt és a vallást alapelveik egységének felismerése által.

Előmozdítani a Kelet és Nyugat közötti kulturális és spirituális megértés kialakulását, és különleges tulajdonságaik kölcsönös elsajátítását.

Szolgálni az emberiséget, mint saját tágabb Énünket.

www.ingramcontent.com/pod-product-compliance
Lightning Source LLC
LaVergne TN
LVHW051631080426
835511LV00016B/2287